代官山 オトナ TSUTAYA 計画

代官山 オトナ TSUTAYA 計画

第2部　コミュニケーションの力学

第3部 ”森の中の図書館“を抱く街

ブックデザイン　橋本有希子
写真　木寺紀雄
イラスト　田中靖夫
編集　星野智之(楽園計画)
元永純代・大城　莉・加島輝光・菅原幸裕・田島あずさ

はじめに
企画の羅針盤

まず最初に、私が社長を務めているカルチュア・コンビニエンス・クラブ（以下、ＣＣＣ）という会社について、簡単に説明をしておこうと思う。この会社がこれまでに何を考え、それをどう形にしてきたのか、そしてこれからどういうものを創っていこうとしているのか。それを述べることがすなわち、私がこの本を執筆する理由の説明にもなるからだ。

ＣＣＣの設立は１９８５年だが、私はそれに先立つ２年前の83年に、10年間に及んだサラリーマン生活に別れを告げ、大阪府枚方《ひらかた》市の京阪電鉄枚方市駅南口に「蔦屋書店枚方店（現・ＴＳＵＴＡＹＡ枚方駅前本店）」をオープンさせた。現在、全国に約１４００店舗が展開される「ＴＳＵＴＡＹＡ」の原点、第1号店にあたる。書籍とビデオとレコードを店内にそろえ、販売やレンタルを行うという業態の店で、私はこれをマルチ・パッケージ・ストアと称していた。出店したときの自己資金は、１００万円だったと記憶している。

続いて大阪府吹田《すいた》市の江坂に同業態の店を出店した。マルチ・パッケージ・ストアの利便性と独自性が認知されたこともあって、多くのお客様が訪れてくださった。そしてそれに引っ張られるように、メディアによる取材も急増した。さらにはそうして露出が増えた結果、ノウハウを教えてほしいという要望も数多くいただくようになって、私はＴＳＵＴＡＹＡのフランチャイズ展開を決断した。ＣＣＣはそうしたフランチャイズ店舗をネットワーク化するための会社としてスタートしたわけだ。

といっても私は、ＣＣＣを単に〝ＴＳＵＴＡＹＡのノウハウを売るための会社〟として位置づけたことはない。それは、私にとってＴＳＵＴＡＹＡが事業のすべてではない、ということと重なる。というのはＣＣＣの事業内容をひと言でいえば、〝企画を売る〟ことだと私は考えているのだから。そうした企画のひとつがＴＳＵＴＡＹＡであり、ＴＳＵＴＡＹＡはＣＣＣにとっての〝代表作〟という位置づけになると思うのだ。

このあたりをもう少し説明しよう。例えば私がある企画を考えつき、「この企画買いませんか？　儲かりますよ」と企画書１枚を持って売り歩いても、まず誰もそれを買おうとは思うまい。その企画が売り込んだ相手の理解を超えるものなら、相手は理解できないわけだから、絶対にそれを「面白い」とは思わないし、逆に相手の理解の範囲内にあるものなら、それは私が考えるより先に商品化されているだろうからだ。だから私には、「私の考える企画は、例えばこうなりますよ」という、見本となる商品がどうしても必要だったのだ。それでＴＳＵＴＡＹＡを始めた。そしてあのマルチ・パッケージ・ストアが全国に広がるに及んで、今では私の話に多くの人が耳を傾けてくれるようになったのだ。

現在、約１４００店を数えるＴＳＵＴＡＹＡの中で、ＣＣＣ直営の店舗は約90しかない。しかしその90の中には、例えば前述の「ＴＳＵＴＡＹＡ枚方駅前本店」であるとか、１９９９年に渋谷駅前に建った「ＳＨＩＢＵＹＡ　ＴＳＵＴＡＹＡ」であるとか、さらには

２００３年４月の六本木ヒルズ誕生と同時にオープンした「ＴＳＵＴＡＹＡ ＴＯＫＹＯ ＲＯＰＰＯＮＧＩ」であるとかといったような、文字どおりエポックメイキングな店舗が含まれている。これらはつまり、新しい作品だ。こうしてＣＣＣが自前でその時代、時代に合った企画を形にしてみせ、そのノウハウを全国に展開していこうとしているわけだ。そういう意味では、ＴＳＵＴＡＹＡもまたＣＣＣにとっては完成された作品というわけでは決してなく、ひとつの運動体だ。それはそうだろう、企画会社であるＣＣＣが手がけるＴＳＵＴＡＹＡとは、常に新しい企画を動力として前に進み続ける存在でなければならない。そうでなければ、それは作品としてすでに〝死んでいる〟ということになる。

そして２０１１年夏、私はこれまでＣＣＣが立ててきた数々の企画の、ひとつの集大成となる施設を、代官山にオープンさせようとしている。それをここでは仮に〝代官山プロジェクト〟と呼ぶことにしよう。本書とは、そのプロジェクトにはどんな企画が盛り込まれるのか、あるいはその企画はどこから発想されたものなのか、そうしたことを一冊にまとめたものだ。言い換えれば現時点での、ＣＣＣの企画の到達点といえるのかもしれない。私が「蔦屋書店」を枚方にオープンさせて以来の、時代認識や社会認識、そしてそれを基にして発想された企画のエッセンスを、この一冊に凝縮させるつもりで私は執筆をしたわけだ。

それでは代官山プロジェクトとは、どのようなものなのか？　もちろんそれはこの後で詳述していくのだが、ここでその前提となるプロジェクトの概要を、ごく簡単に整理しておこうと思う。

このプロジェクトの用地が広がるのは、かつては水戸徳川家の邸宅があり、その後はノースウエスト航空の社宅となっていた、緑に包まれた旧山手通り沿いの閑静な土地。隣接するのは、代官山のランドマークともいえるヒルサイドテラスだ。これは戦後モダニズム建築の正統に位置する、建築家・槇文彦氏の代表作で、数次にかけて実施されたプロジェクトでありながらも統一的な都市観に貫かれた、いわば〝成長する建築〟として高い評価を得ている、現代建築のアイコンのひとつだ。

そんな用地は大きくはふたつに分かれており、便宜上、それを本区画と隣接区画と呼ぶとすると、本区画は面積4202・48㎡で、隣接区画は7349・81㎡。本区画には書籍・CD・DVDのマルチ・パッケージ・ストアに、カフェなどが併設されたTSUTAYAの大型店舗を置き、一方の隣接区画には木立の中の散歩道で結ばれた、相互に独立した低層の専門店群を配する予定だ。そのシナジーによって、ひとつの街、いわば〝本屋が創る街〟を、代官山の地に現出させようと私は考えている。ということで、そんな用地に、ではどんな施設を造るのか、が本書のテーマとなる。

実は私は「ＳＨＩＢＵＹＡ ＴＳＵＴＡＹＡ」の完成前にも、やはりそこで展開される企画の内容を示した本を上梓《じょうし》している。〝今、私が何を考えているか〟がリアルな店舗という形をとって人々の眼前に現れる前に、先に言葉としてまとめてみようと思ったのだ。有言実行、スケールの大きな仮説を先に言い切ってしまおうという試みだったが、もちろんそこには、そうすることによって話題を呼べれば、という想いもあった。ただ渋谷のケースでいえば、〝大風呂敷を広げた〟と受け止められたのか、本を出版した段階では、あまり相手にされなかったという印象がある。しかし実際に渋谷駅の目の前に、従来の店舗とはまるで異なるＴＳＵＴＡＹＡが出現したところで、〝そういえば一年前に本が出ていたよね〟と人々が気がついた、という経緯を辿ったのだったと思う。

もっともこうして一冊の本にまとめることで、私たち自身も企画のエスプリを再確認することができる。私にとっては、あるいはこちらの意義のほうが大きいかもしれない。何といっても、私たちＣＣＣは企画会社なのだ。常に頭の中を整理整頓しておく必要があるし、そうした意味ではこの本も企画会社としてのひとつの作品であるに違いない。

そして、今使った「整理」と「整頓」という類語の意味を峻別しておくことも、企画を立てる者にとっては実は極めて重要なことだ。ここでその点にも触れておきたい。

ここでいう「整理」とはすなわち、いらないものを捨てるということだ。だからゴミが出なければ整理したことにはならない。そこで求められるのはジャッジする力。この作業を通して、本当にいるものの大事さがわかってくる。一方で「整頓」とは、そうして残したものに、すぐに取り出せるようにインデックスを付けること。誰でもピックアップすることができるように整えることが「整頓」なのである。この両者に、モノや情報を入手したときの状態に保つ「メンテナンス」の作業を加えた三つのほかには、オフィスでやるべきことはないと、私はCCCの社員に常々言っている。

私たちの仕事は企画を創ることだ。そして企画を創る基盤になっているのは情報だ。だから企画会社は情報を集める。データベースができる。そしてデータベースに入れられた情報には絶対にインデックスが付いている必要がある。整頓されている必要があるのだ。それにかかわる全員が、データベース内の情報にアクセスできるようになっていて、初めて知的生産性は上がる。一部の人にしか使えないデータベースになど、意味はない。

そういう意味では本書は、代官山プロジェクトに関して私なりにインデックスを付した、ひとつのデータベースだ。これを書籍という形で皆さんに公開するのは、私にとっては皆さんも、まぎれもなくプロジェクトに参加してくださるインサイダーであるからにほかならない。だからこの本を読んだ後で、もしも皆さんが「自分も代官山プロジェクトに参加したい」と思ってくだされば、私にとってこれほどうれしいことはない。

第1部

〝プレミアエイジ〟という可能性

第1章

“世界初”を目指してはならない！

２０１１年夏にオープンする代官山におけるプロジェクトは、ひと言で説明すれば総面積およそ１万２０００㎡という緑豊かな敷地の中に、ＴＳＵＴＡＹＡの大型店舗３棟と多彩な専門店群を展開させようというものだ。ひとつの街づくり、〝本屋が創る街〟というテーマを具体化する試みと言い換えてもいい。１９８３年３月、大阪府枚方市に「蔦屋書店」の１号店を開業することでスタートした〝ＴＳＵＴＡＹＡ〟という企画を30年近い時間をかけて練り上げてきた、そのひとつの結実がここに現れることになる。

　こうした大型プロジェクトを立ち上げるとき、それを「ＴＳＵＴＡＹＡの新業態」といったフレーズのもとに紹介するメディアが少なくない。いや、我々の会社であるカルチュア・コンビニエンス・クラブの社内の会議でも、「そこではどんな新しい事業を展開したらいいのか？」と、社長である私に尋ねる社員もいる。しかし実は私は、〝新規事業〟であるとか〝世界初の試み〟であるとかを目指してはいけない、と常に考えている。そこに陥穽《かんせい》が隠されていると思えるのだ。なぜか？――それらは企画サイドからの勝手な押し付けであって、顧客にとっての価値とは何か、という問いかけが欠けているからだ。

　企画にとって最も大切なことは、顧客価値の上に立脚することだ。これは絶対の原則といえる。例えば、ＴＳＵＴＡＹＡ店舗の特徴のひとつに挙げられる、深夜まで営業をしているという業態。これなども始めた時点ではかなり斬新に映ったかもしれないが、私は「何か新しいことをして、他社と差別化を図らなければいけない」などと思ってこの業態を取り入れたわけではない。もちろん、「営業時間を長くすれば、それだけ利益が出るはず」とか「営業時間を長くして、頑張っている姿勢をアピールしよう」とかと思ったわけでもない。そうした考えはすべて、事業者側の身勝手な理屈でしかなく、顧客の価値とはまるで関係のない次元の話ではないか。

とりわけTSUTAYAの創業期において、店舗の営業活動の大きな柱となっていたDVDやCDのレンタル。それが顧客にとってどういう意味を持つのかを考え抜くことが、第一義であるべきなのだ。そう考えてみればレンタルとは、顧客の〝所有〟という概念を拡大してあげるサービスなのだとわかる。映像や音楽のソフトは、衣食住といった要素とは異なり、生存に不可欠なものではない。つまり常に身辺になければ生活が成立しないといったものではないのだ。それでも、それが欲しくなる機会もまた、必ず存在する。この、〝あってほしいけれど、いつも必要なわけではない〟という顧客にとっての特殊な商材を、顧客に代わって収蔵しておく場。それがレンタルショップの本質のはずだ。そしてここから、深夜営業の発想が導かれた。TSUTAYAが顧客の所有を代行する場であるのだとしたら、そこが開いている時間が長くなることは、顧客にとって所有の概念が拡大することに直結するからだ。

単に「新しいことを創り出してやろう」という姿勢からひねり出された企画は、まず間違いなく失敗する。〝新業態〟とか〝新発想〟とかといった耳触りのいい言葉は、そうしたアプローチに潜む企画側の身勝手さを、覆い隠してしまう危険性も秘めているのだ。多くの場合、店側の都合と顧客側の都合は大きく隔たっている。正面から衝突することさえ少なくない。そうしたとき、店側は耳触りのいい言葉で、顧客に降りかかる不利益や不便さが店側の都合によるものであることを隠そうとするのだ。

「これは世界でも初めての試みですから」という言葉の裏にあるのは、「だから最初は戸惑われるのも仕方がないでしょう」という言い訳だろう。しかし顧客にしてみれば、特別に新しいサービスを求めているわけではない。自分にとって快適で価値が高いサービスを求めているだけなのだ。それが新しいか古いかは、さして問題にはならない。そうでなければ日本の老舗旅館が、新たに日本に進出してきた海外のブランドホテルに伍して人気を保持している状況を説明できないはずだ。にもかかわらず、自分にとって価値を持つものが欲しいというシンプルな欲求を、ただ〝新しい〟ということを免罪符にして二の次にされたら、顧客は堪《たま》ったものではない。そうした企画はほんの一時の間は眼を惹《ひ》いたとしても、早晩、顧客の支持を失うことになる。

そして、そういった身勝手な企画というものは、必ず会議室の中で生まれる。

「事件は会議室で起きてるんじゃない！　現場で起きているんだ!!」とは、映画『踊る大捜査線 THE MOVIE』の中で主人公の青島俊作が叫んだ名ゼリフだが、これはマーケティングの世界においても至言だろう。会議室の中で、「何か目新しいことはできないか」と考え始めた瞬間に、そこから生まれる企画は形骸化し、生命力を失う。〝世界初〟〝新業態〟〝新発想〟……すべて、店の側の論理でしかない。現場、すなわち顧客が実際にいる場所に立って、その人たちにとって価値のあることとは何かを考え抜くことからしか、本当に力のある企画は生まれてこない。

もちろん、それが顧客が求める価値と合致することであれば、新しいことでもどんどん行えばいい。「こんな店があればいいいな」――顧客のそうした漠然とした想いを集積してひとつの店舗を創り上げることができたら、結果としてそれこそが〝新業態〟と呼ばれるべきものになるのだ。今度の代官山プロジェクトにおけるTSUTAYAは、これまで全国に展開されてきた既存のTSUTAYAの店舗とは、後に詳しく述べるが、大きく異なる特徴を備えてはいる。しかしそれは、「新業態を見せよう」と無理やりにひねり出したものではないということだけは、はっきり言っておきたいと思う。結果として新しいものになってはいても、目先の新しさを追い求めてこしらえられたものでは、決してないのだ。

第2章

顧客の皮膚感覚との距離

顧客価値を考え抜くことが、企画の原点であり、極点でもある。

もちろん今回の代官山のプロジェクトにおいても、これは根幹を成すテーマなのだが、それはこれまでカルチュア・コンビニエンス・クラブが立ち上げてきた企画のすべてに共通することだとも思っている。例えば、現在では会社の主要な事業のひとつとなった〝Tカード〟などは、その最も端的な例といえるだろう。

Tカードとは、現在69社（2010年9月時点）が加盟して顧客に対してポイントの提供を行う、共通ポイントカードだ。このカードを持っていれば、ファミリーマートで買い物をしても、ENEOSでガソリンを入れても、カメラのキタムラで写真を現像しても、毎日新聞を購読しても、そしてもちろんTSUTAYAで書籍やCDやDVDを購入しても、全国3万以上のTポイントの参加店で共通して使えるポイントが与えられる。このカードのホルダーは（クレジット機能が付いているものといないものをあわせて）現時点で約3千600万人。日本全体で4人に1人以上がこのカードを持っている勘定だ。20代に限ればこの比率はさらに高くなり、実に60％以上にも達する。

といってもその出発点は、私自身の一顧客としての、シンプルな想いでしかなかった。それは「持たなければいけないカードが多すぎる！」という、嘆きに近い感覚だ。

このTカードを創設して7年ほどになるが、それ以前、私の財布はおびただしい数のカードによって、はちきれそうなほどに膨れ上がっていた。「どうして、こんなことになるんだ?」と悲鳴を上げたい気持ちになったが、その答えは明らかだった。生産や流通にかかわる事業者が、自分たちの都合を顧客の価値より優先させたことが、こうしたカードの氾濫を招いたのだ。顧客を囲い込みたいという各社の〝企業エゴ〟がぶつかり合った結果が、私のパンパンになった財布だった。そうやってカードが乱発された挙句、いざ使おうとするとそのカードが見つからないという不条理が、日本中で起こっていた。だいたい、〝エゴ〟と〝エコ〟、字にすれば濁点があるかないかだけの違いだが、方向性は真反対。カードで膨らんだ財布は、全然エコではない。

もし、各企業のサービスが1枚のカードに収まって、その1枚だけを財布に入れておけばいいのだとしたら、どんなにラクだろう……。このシンプルな感覚からTカードは生まれた。そしてその想いが顧客の多くに潜在していたことは、カードホルダーや参加企業の数の急速な伸びが証明している。そして同時に、事業者が自らの都合を顧客の都合に対して優先させることが、結果的には往々にして自らの利益を損なうことにつながるのだということも、このTカードは明らかにしてみせたのだ。

例えばカードを使ったことによって付与されるポイントを、使った金額の5%から1%へと引き下げながらも、逆にカード会員と売り上げが増加する企業が続出した。

「どうせ使わないカードなら5％割引でも不要だけれど、いつでも持っているカードで1％割引になるならトク」――これこそが顧客の感覚だったのだ。あまり頻繁に使わないからとカードが顧客のもとに死蔵されていたら、事業者側にしてもカードの発行や宣伝にかかったコストは無駄になる。そしてそれを防ぐための方策とは、単に割引率を上げることではない。使える範囲と機会を拡大することで、顧客にカードを持っていてもらう時間を長くすることなのだ。Tカードの参加企業が増え続けているのは、このカードに加わることのコストよりも、得られるベネフィットのほうが大きいからだ。

さらにいえば、新しい顧客を開拓していくパワーも、共通ポイントカードであるTカードは大きい。それがある1社が発行しているカードなら、どんなキャンペーンを展開しようとも、そのカードホルダーになってくれるのは基本的には来店客だ。つまり事業者にとってのカードの効用は、既存顧客の来店頻度を高めることにほぼ限定されてしまう。しかしTカードの場合、例えばそれまでTSUTAYAに足を踏み入れたことがなかった人がファミリーマートでカードホルダーとなり、せっかくTSUTAYAでも使えるカードを入手したんだから、ちょっと寄ってみようか、と考えるようにもなる。カードが、それまでの自社のマーケットの外にいた人を連れてきてくれるのである。

たとえていえば、それまでの各社が競って発行していたカードは、地域通貨だった。

しかし円やウォンをいくら貯め込んでも、アメリカやヨーロッパでは通用しない。つまり持っている人にとっては使い勝手のよくない、閉ざされた存在だったのだ。それに対してTカードは、いわばドルだ。汎用性が高く、だから信頼性もある。顧客価値を第一に考えれば、求められているものが円なのかドルなのかは、誰でもわかったはずだ。その出発点を間違わないでいられるかどうかが、つまり企画の成否の鍵を握っている。

ちなみにTカードのホルダーは前述のように3千600万人。それだけの数字があれば、参加企業はさらに集まる。そうなればオールインワンの利便性がさらに高まり、ホルダー数の伸びも加速するだろう。いわば上方へのスパイラルが形成されているのだ。ファミリーマートでスナック菓子を買う10代も、カメラのキタムラで高級カメラを買う60代も、そこでは同じコミュニティの一員であり、仮にこうした数千万人という、日本の総人口の3割にも及ぶ人々がTカードを媒介にして全員ネット接続されているという状況になれば、世代間の差というものは意味を失う。そして私は、それが本当のIT革命だと考えている。ネット社会が進展したといっても、その恩恵を享受しているのは、これまではやはり一部の人々だった。業種や世代を超えた広がりを持つTカードは、その壁を壊すポテンシャルを持っている。パンパンに膨らんだ財布が鬱陶《うっとう》しい——そんな顧客の素直な視線が、ときには社会を変えるほどの力を持つこともあるのだ。

第3章

"顧客価値"の鏡像関係

〝顧客価値の創造〟というテーマを常に見失わずにいること。それが大きな成果へと至る道を進むためには必要だ。いわばこのテーマは企画を立てる者にとっては手放してはいけないコンパスのようなものであり、その針が指している方向を胸に刻んでおかなければ、日々の業務にいくら注力しても、まるで的外れで空回りの仕事になりかねない。

そしてこの〝顧客価値〟という言葉を考えるとき、そこにはもうひとつ、忘れてはならないポイントがある。それはこの言葉にはふたつの意味、ふたつの側面が存在するということだ。簡単にいえば、ひとつは〝顧客にとっての価値〟ということであり、そしてもうひとつは〝顧客という価値〟と表現してもいいだろう。

そう、企業にとって顧客とは、間違いなく固有の価値を持った財産である。それに勝る財産などありはしない。以前に北海道の空港で、賞味期限偽装問題を起こして生産自粛に追い込まれていた菓子メーカーの製品が、販売再開とともに飛ぶように売れていく光景を目の当たりにしたことがあった。顧客とは、ときによってはそれほど心強いサポーターにもなってくれる。そうした財産を持っていない企業は、同じ問題を起こせば、それが致命傷となってマーケットからの退場を宣告されることにもなるはずだ。

いや、顧客という財産が力を発揮するのは、何も企業が苦境にあるときばかりではない。日常の企業活動そのものもまた、実は顧客という財産に支えられて成り立つのだ。

固定のファンがいれば売り上げの底上げも見込める。商品やサービスに関する不満や苦情さえ、企業にとっては貴重な情報となり得るだろう。例えば各企業が競って自社カードを発行しているのも、こうした財産を手に入れようとしているからにほかならない。しかし同時に、単に〝財産がほしい〟というだけの下心でカードを乱発しても、それがそう簡単に受け入れられなくなってきているのは、前章で述べたとおりだ。企業にとってそう都合よく組織化されてしまうほど、現代の顧客はお人好しではない。

だからこそ、ここで〝顧客価値〟という言葉の二面性を思い起こす必要があるのだ。〝顧客にとっての価値〟と〝顧客という価値〟。このふたつは、いわば鏡に映った像、ひとつのものの両側面だ。だから企業にとって代えがたい価値を持つ顧客という財産を得たいと思えば、その顧客にとって価値あるものを創造して提供するほかはない。鏡に映った自分に何かを差し出してもらおうとすれば、自分が何かを差し出すしかないではないか。ただ鏡の前で漫然と待っていても、相手は何のアクションも起こしてはくれない。

特に現代では、顧客とは商品やサービスの単なる〝受け手〟ではなくなってきている。後に詳述するが、インターネットの進展は顧客に自ら情報を編集・発信する機会を提供することになった。そうした社会における顧客とは、企業にとって自分たちの活動の利点を広めてくれる応援団にも、その欠点を見抜いてしまう批評家にもなり得る存在だ。

財産としての顧客の価値は、かつてないほどに高まっている。鏡像関係の原理にのっとれば、つまりそれだけ、顧客に対して提供しなければならないサービスも、高度化する必要に迫られているともいえるのだ。

私たちカルチュア・コンビニエンス・クラブが企画したTカードにも、この図式があてはまる。もはや1社で提供し得るカードのサービスなど、たかが知れている。少なくともコンシューマーの多くはそう考えているはずだ。だからもしもTカードがTSUTAYAの会員カードに過ぎなかったとしたら、どんな特典をそこに付与しようとも、3千600万人などという気の遠くなるような数のカードホルダーを保有できる状況には、まずならなかったはずだ。カード1枚で何社ものサービスが受けられるという、これまでのカードにはなかったサービスの高度化によって初めて、このカードはそれほど多くの顧客を獲得することができたのだ。そして一度、それだけの顧客に持ってもらえれば、カード自体の価値も加速的に高まる。現在、Tカードには約70社の参加企業が存在しているが、これだけの顧客を有していれば、新たにそこに参画したいと考える企業も増える。それだけのマーケットがすでにあるところに出ていくわけで、企業にとってそれはすなわち、ビジネスチャンスの拡大を意味しているからだ。

もちろん、そうした〝数の力〟によってのみ顧客の価値を測ろうとするのは、正しい考え方とはいえない。顧客の〝質〟も、そこでは当然問われなくてはならないだろう。ただしここでいう〝質の高い顧客〟とは、決して可処分所得が大きいとか社会的地位や学歴が高いとかといったことを意味するものではない。その顧客が当該企業のマーケットのどれだけ近くに存在しているか、そしてどれだけアクティブに情報と接しているか、そうした点こそが、顧客の質としては重要な要素だ。どんなに生活にゆとりがあっても、動物嫌いの人がペットショップに足繁く通ったりはすまい。ペットショップにとって、その人が質の高い顧客に当てはまらないことは、いうまでもない。

その点、Tカードのホルダーは多くの企業にとって、質の高い顧客となり得る可能性を最初から秘めている。というのはすでにこのカードを選んだ時点で、その人はひとつの判断をアクティブに行っているのだから。増えていってしまう一方のカードをひとつにまとめることで、不要なものを捨て、必要なものの活躍する頻度を高めようとする判断。そのメリットのためには、例えばこれまで5％だったインセンティブが1％に目減りしても構わないという判断。そうした判断を行う人、自分で必要な情報と必要でない情報を取捨選択しようという人が、Tカードを持っているのだから。

Tカードが目指した〝顧客価値の創造〟というテーマ。それはこうした〝価値の高い顧客〟という結果がもたらされたことで、その正しさが証明されたのだと思う。

第4章

”大人を変える大人“の誕生

〝価値の高い顧客〟を持つことこそが、企業活動の生命線だ。もちろん、その顧客像は企業によって異なる。それではTSUTAYAにとっては、それはどんな顧客なのだろう？ それを考察し、明確化するというプロセスを抜きにして、代官山での大規模プロジェクトを進めることなどできるはずもない。

その、これからの顧客像を明らかにするために、ここでTSUTAYAが生まれてから今日までの軌跡と、その期間のマーケットの変化を、まず考えてみたい。

TSUTAYAの1号店が大阪府枚方市にオープンしたのは1983年。この80年前後という時期は、戦後の日本経済の流れの中でもとりわけエポックメイキングな時期だったと私は考えている。というのは、ひと言でいえばこのころ、生産と消費の両面で主役となる層が、マーケットに出現したからである。

戦後のベビーブームで生まれた、いわゆる〝団塊の世代〟。この人口構成比において突出したヴォリュームゾーンが、後の労働市場の中核となったのは間違いない事実だろう。その人々が就学年限を終えて、優秀な労働力として世に送り出されたのが70年前後。そこから10年が経過した80年前後とは、彼らが確固とした地位と安定した収入を得て、それまでの〝生産の主役〟から〝消費の主役〟という役割も振られた時期であったのだ。だから振り返ってみれば新しいサービスや業態などの多くは、この時期に生まれている。

また、やや視点を変えれば、生活のファッション化、デザイン化という波が日本に本格的に訪れたのがこの時期であったともいえる。私がカルチュア・コンビニエンス・クラブを起業するひとつの契機を与えてくれたものに、浜野安宏氏の『ファッション化社会』（1970年）という著書があるが、そこに書かれていた予言――「全ての商品はファッション商品となる／全ての産業はファッション産業となる／全てのビジネスはファッション・ビジネスでなければならない。」――が、誰の目にも明らかになっていったのが、この時期であったのだ。ソニーの「ウォークマン」が発売されたのが1979年、川久保玲や山本耀司のパリコレ・デビューが1981年というのも、今から思えばどこか示唆的でもある。商品がただ必要性に立脚しただけの〝モノ〟であることをやめ、持つ人のライフスタイルや価値観を表す〝ファッション〟へと転化していった、その大きな曲がり角が80年前後だったわけだ。

そしてそれから30年近く。団塊の世代とは一般には1947年～49年生まれの人々とされるが、ほかにもいくつかの定義があり、最も広くとったものでは1946年～54年生まれを指すという。その説を採用したとして、代官山のプロジェクトがオープンする2011年には57歳～65歳。社会の中核として働き続けてきた団塊の世代の人々も、いよいよリタイアの年齢にさしかかるわけだ。それは会社から解放された時間的余裕と、退職金という経済的余裕を備えた新しい巨大なマーケットの出現を意味する。つまりここ数年というのは１９８０年前後に匹敵する、日本の経済の流れの中で大きな意味を持つ時期になるに違いないのだ。１９８３年に創業したＴＳＵＴＡＹＡが２０１１年に代官山で〝新たな創業〟を行おうとするのは、決して成り行きによるものではない。社会の流れにのっとった、少々大げさにいえば〝歴史的必然〟なのだ。

さらにいえば、現在60歳前後の団塊の世代の人々が顧客として魅力的なのは、経済的余裕と時間的余裕を有しているから、というだけでは決してない。この世代の人々が30年前、生活のファッション化という変革を担った主体であることを忘れてはならないだろう。自分のライフスタイルというものを創り出すことに、自覚的で能動的な層なのである。定年後の生活を〝余生〟と位置づけるような世代とは違う。いわば従来の像を壊していく存在、〝大人を変える大人〟ともいうべき人が、ここには多く含まれているのだ。

私はこうした、団塊の世代を中心とした50歳～65歳の、〝大人を変える大人〟のことを、〝プレミアエイジ〟と呼んでいる。そしてこのプレミアエイジに向けては、これまでにはなかったスタイルのサービスを提供していく必要があるのだ。それが彼らのニーズに合致すれば、必ず大きな成果となって返ってくる。代官山プロジェクトとは、そうしたプレミアエイジへのライフスタイル提案を具現化したものでなければならないのだ。

もちろん代官山プロジェクトにおいてプレミアエイジを顧客の中心に置くことには、ＴＳＵＴＡＹＡの生き残り策という側面もある。時代に応じた拡大や修正はもちろん行ってはきたが、基本的にＴＳＵＴＡＹＡのビジネスモデルは創業以来現在まで、20代・30代の人々をターゲットに組み立てられている。しかし日本の社会にあって、これから若年人口は次第に減少していく。現在の会員構成のままで客層が変化しなければ、毎年ＴＳＵＴＡＹＡのレンタルの売り上げは1％ずつ減少していくと私は試算している。逆に50代・60代・70代の会員化率を上げることができれば年率ふたケタ成長が可能であるとも、同じ試算が教えてくれている。これまでの成功モデルにしがみついていては事業が隘路《あいろ》に入り込んでいってしまうことは、人口動態のグラフを前にすれば一目瞭然。ヴォリュームゾーンに合わせて事業の中心をシフトさせるのは、当たり前のことだろう。

ただそれ以上に、生産と消費の両面で主役であった世代のパワーに私自身が期待している部分が大きい。ＴＳＵＴＡＹＡの1号店ができたときに店に訪れてくれた25歳の青年は、代官山プロジェクトが完成するときには53歳。そこでまた新しい何かを探し、発見してくれればと思う。そのための場を用意するのが、代官山プロジェクトの本当の目的だ。そして彼らは必ず発見するだろう。その能力があると信じるから、私は彼らに〝プレミア〟という呼称をあてているのである。

第5章

人がポジティブになれる場所

ＴＳＵＴＡＹＡを創業した１９８３年から現在まで、私はＴＳＵＴＡＹＡの商材が単にＣＤやＤＶＤや書籍だと思ったことは一度もない。私はＴＳＵＴＡＹＡで売っているものは、〝ライフスタイル〟だと思っている。

前章でも述べたとおり、１９８０年前後から生活そのもののファッション化が急速に進んだ。服は身体を快適に保つという機能性よりも、着る人の価値観を表現する手段という面が重視されるようになり、レストランにはただ空腹を満たすためではなく、その空間で食事をするというスタイルに意味を見出そうとする人々が集まるようになった。

そうした状況の中で、人には自分なりのファッションを確立していくためのお手本が必要になったのだ。それが自分に似合うか、それを自分は好きか——その判断を下すためには、基準となるモノサシが絶対に必要になる。それを発見することのできる場が、映画であり音楽であり小説であった。人は映画に登場する人物のスタイルに憧れ、ロックの歌詞に表現された世界観に共鳴し、小説の文章にものの考え方や姿勢を学んだ。まず目指すライフスタイルがあり、それを形にしたものとしてファッションはある。私はレコードやビデオや書籍というモノではなく、そうしたライフスタイルを発見する機会や場を提供したいと考えた。それがＴＳＵＴＡＹＡの出発点であったのだ。そしてそれは今も変わらない。

私はレコードやビデオや書籍を〝パッケージ〟と呼び、そのすべてを扱う〝マルチ・パッケージ・ストア〟としてTSUTAYAを展開させることにこだわったが、それもこうした、「私が提供するのはあくまでもライフスタイルなのだ」という意識のためである。というのも、TSUTAYAが誕生するまで、音楽はレコード店、映画はビデオ店、書籍は書店と、ソフトを扱う店ははっきりと分かれており、その垣根が越えられることはなかった。これなどは顧客都合よりも流通都合が優先された例の最たるものだろう。しかしライフスタイルそのものを売りたいとする私からすれば、そうした店舗形態のどのひとつを選んでも、それでは不十分なのである。この3種類がひとつの空間で選べることで、初めて意味が生まれる。そうであってこそ、そこがライフスタイルのマーケットと成り得るのだ。それはTSUTAYAの存在理由《レーゾン・デートル》であるとさえいえる。

もちろん、代官山プロジェクトでもこの点は変わらない。いや、詳細は後に述べるが、DVD・CD・書籍を通してライフスタイルを提供する空間として、さらに深化した像を見せられるはずだ。そしてそれは〝プレミアエイジ〟の人々に対する顧客価値を創出する装置として機能することになるだろう。当たり前だが、街はさまざまな世代が入り交じるモザイクとして存在している。ライフスタイルの標本箱として価値の高いソフトを提供することで、私たちにとって価値の高い顧客、すなわちプレミアエイジの人々を、そのモザイクの中から選り分けることが可能になるのだ。そして代官山という現実の街へと、そうした人々に集まってもらうことには、さらに大きな意味がある。そこでは実際に顧客の姿を見ることができるからだ。ひとりよがりな企画は会議室の中で生まれると以前に述べたが、企業にとっては間近に顧客の実像を見ることで、そうした負の可能性を減らせることにもなるだろう。それは企画会社であるカルチュア・コンビニエンス・クラブにとって、絶対に必要な環境だ。

つまり〝集積〟とは力を生むのだ。代官山プロジェクトでは〝聴けない音楽はない、観られない映画はない〟をテーマにしてソフトの集積を進めているが、それが実現すれば大きな力となるのは間違いない。それは顧客に関しても同じ。プレミアエイジの人々が能動的に集まるようになれば、そこには新しい何かを生み出す可能性を持った場が生まれるはずだ。特に、ネットの進展によって現実に人々が集まる必然性が薄れてきている現代においては、その力はなおさら顕著なものになるだろう。

例えば、魅力的なプレミアエイジの人々が集まれば、それに惹かれてさらに若い層の人々が必ず集まってくるようになる。なぜなら、そこでは自分が憧れる生活のシーンと実際に出会えるのだから。つまり現実に、魅力的なシーンが展開されているのだから。そこに行きさえすれば、自分もそのシーンに参加できる。それが確かなことであれば、若い人は必ず集まる。自分が共感できるライフスタイルを探しに訪れたプレミアエイジの人々そのものが、それに続く世代にとってはライフスタイルの指針として機能するのである。ここにはひとつの連鎖が形成されているといっていい。そして〝質の高い顧客はそれだけでひとつの価値である〟という命題が、ここでも証明されることになる。そう、代官山プロジェクトはプレミアエイジを集める装置であると同時に、世代を超えて波及する力を持つ場でもあるのだ。その力とはリアルに存在する場所だけが持ち得る力である。

豊かな人が増えれば、世の中はもっと楽しくなる。そして人が豊かさを発見するための機会を、映画や音楽や小説といったエンターテインメントは提供しているのだ。人とは、自分が「いいな」と思うイメージを見つけたときに、ポジティブになれるものだろう。集積されたエンターテインメントのソフトを通してそれを見つけてもらう、そのための場としてＴＳＵＴＡＹＡがある。いわば訪れた人をポジティブにすることこそが、ＴＳＵＴＡＹＡのミッションなのだ。そうした意味では、これまでにない規模でエンターテインメントを集積するストレージとなる代官山プロジェクトは、ライフスタイルのマーケットであろうとしてスタートしたＴＳＵＴＡＹＡの、ひとつの到達点になると私は考えている。そしてその豊かさ、ポジティブさが、世代を超えて継承されるための場になれば、より素晴らしいことだろう。

第6章 “モノ”と“コト”のベクトル

これまでにない規模でエンターテインメントのソフトを集積したTSUTAYAと、扱う商品でも店舗のスタイルでも多彩なヴァリエーションを有した専門店群。その一大コンプレックスを代官山という土地に創り上げようという今回のプロジェクトに際しては、私たちは当然、さまざまな事前調査を行った。そのひとつに、代官山に暮らしたり勤めたりしていらっしゃる人々へのアンケートがある。ここでとりわけ私の関心を引いたのが、「代官山にもっとあってほしい空間は?」という設問に対する答えだった。圧倒的に多くの方がこの問いに対して、「カフェ」と答えたのである。

カフェ? 代官山にはすでにたくさんのカフェがあるはずだが、それでもこの答えが他の選択肢を圧するのはなぜなのか?

この答えの裏にあるものを考えることは、極めて重要だ。それは代官山プロジェクトの成否にかかわるだけではなく、もっと大きな、いわば〝時代の気分〟といったものを読み解くことにもつながるからだ。カルチュア・コンビニエンス・クラブという企画会社にとっては、こうしたものを正しく読み取れるかどうかが、まさしく企業としての生命線を握る。

そこで私は、〝カフェ〟とは何なのかをまず考えた。都市で生活する者にとって、カフェとは何を提供してくれる空間なのか?——表面的には、それはコーヒーを中心としたドリンク類だ。しかし、ではおいしいコーヒーが飲みたいという理由で、アンケートに応じてくれた代官山の人々は「カフェ」と答えたのか。いや、おそらくそんなことはないだろう。もちろんかつては、そういう時代もあった。家庭で飲めるのはインスタントコーヒーで、きちんとドリップされた薫り高いコーヒーを味わおうとすれば、街の喫茶店を訪れるほかはないという時代。しかしそれは、それこそ生活のファッション化という波が訪れる80年以前の風景だろう。高性能のコーヒーメーカーを備えた家庭や職場は、今では決して珍しいものではない。おいしいコーヒーを飲みたいという欲求だけを基準に考えれば、カフェや喫茶店の地位は相対的に低下しているといってもいいのだ。しかし、人は現にカフェを求めている。ここから導かれる答えは、〝カフェの真の商材はコーヒーではない〟という事実だ。

私はCDやDVDそのものをTSUTAYAの商材と考えたことはないと前章で述べたが、カフェにまつわる事情もこれとよく似ている。いずれもそこに集う顧客が求めているのは、モノではなくコトなのだ。TSUTAYAがDVDそのモノではなく、そこに収録された映画によってそれまで知らなかったライフスタイルに触れてもらうコトを可能にしたのだとすれば、都市の中に点在するカフェとは、一杯のコーヒーというモノではなく、そこでゆったりとした時間を過ごしてもらうコトを提供する場所なのだ。

ひとつの空間の中で、表面的、直接的にやりとりされるモノ。その背後で本当に求められているコト。そうした、コトまでを見通すまなざしの強さが、企画を立てる者には必要となる。人が「この街にカフェが欲しい」と言うとき、その言葉の真意としてあるのは〝おいしいコーヒー屋が欲しい〟ではなく、〝ゆったりとした時間を過ごせる場所がほしい〟ということなのだと翻訳ができなければ、街づくりなどできるはずもない。

さらに注意しなければならないのは、ときとしてモノとコトというのは、逆のベクトルを持ってしまう性質があるということだろう。それはひと言でいえば、モノとは〝独占〟に人を導くのに対して、コトは〝共有〟への道を開く、ということだ。

例えばコーヒーというモノを考えれば、ひとり分のコーヒー豆から淹《い》れられるコーヒーは、あくまでひとりしか味わえない。つまり、ひとつのモノはひとりしか所有できないのだ。ふたりで所有しようとすれば、0・5ずつに分割するしかなくなる。それは価値の低下を受け入れることを意味する。それに対してカフェで過ごすというコトに目を転じれば、そこに流れるゆったりとした時間は何人もが同時に味わうことができる。別に分割する必要はない。ひとりだとゆったりしていたのに、そこに別の客が現れたらゆったり感が5割減になったなどということはあり得ない。逆にふたり以上で味わうことで、その価値が増す場合だってあるはずだ。

代官山プロジェクトとは、〝プレミアエイジが集まる場〟を創ることだと私は書いた。とすれば、そこで売られるべきはモノなのかコトなのか、考えるまでもないだろう。分割されることで価値が減じるモノではなく、共有されることで価値が増すコトへ。思えば生活のファッション化とはまさしく、こうしたモノからコトへという流れを言い換えたものだったに違いない。そして私が言い続けてきた、ＴＳＵＴＡＹＡで売られているのはＣＤやＤＶＤや書籍ではなく、ライフスタイルそのものだという意味も、ここに重なってくる。そのひとつの帰結として、代官山プロジェクトはある。

だからそこには、カフェも当然置かれるだろう。そこに多くのプレミアエイジが集い、そこで多くのコトが共有される。イベントが行われ、語り合いの場ができるだろう。そこでやり取りされる情報に価値が生まれ、そこに集う人々自身の価値が高まる。そんな魅力的なコトが生まれる場を、集まったプレミアエイジのみんなで創っていくのだ。〝みんなで創るＴＳＵＴＡＹＡ〟――それが、これからの私の事業のキーワードになる。人と何かを共有することから生まれる幸福感という、新しい価値の創造だ。

代官山をより魅力的なライフスタイルのショールームにする――それは集まってくれる人々みんなの力をもってして、初めて成し遂げられるものだ。そして私ひとりの力を遥かに超えたところにあるからこそ、私はこのプロジェクトに夢中になれるのだ。

糸井重里

対談

増田宗昭

「プレミアエイジの楽園」

——「不思議、大好き。」「おいしい生活。」など、胸に刺さるキャッチコピーを次々に生み出し、80年代の消費生活の水先案内人となった糸井重里氏。１９９８年に立ち上げたウェブサイト「ほぼ日刊イトイ新聞」上で増田のロングインタビューを掲載するなど、〝経営者〟という共通項で結ばれた彼は、増田とは互いに刺激を与え合う存在であり、増田が考える〝プレミアエイジ〟の有力なモデルとなった存在でもある。そんな糸井氏と増田が〝我らが世代〟について語り合った。

増田　いまや高齢者用のおむつの売り上げが赤ちゃん用を上回っているんですって。それでおむつメーカーの業績は良化しているそうなんだけど、もしも「おむつは赤ちゃんのものだ」っていう先入観にしがみついていたら、高齢者用への取り組みは遅れていたでしょう。こういう面で遅れているのがＴＳＵＴＡＹＡだと僕は思っている。若い社員の中には、片岡千恵蔵さんや高倉健さんをよく知らない者もいる。だからＴＳＵＴＡＹＡを作る人も変わらなきゃいけないし、ブランディングもやらなければいけない。それはやっぱり既存のスタイルでやるのではなくて、新しい顧客のためのＴＳＵＴＡＹＡを、一からやるべきではないのか——というのが、今度の代官山プロジェクトの前提なんです。糸井さんと雑談したいのは、プレミアエイジっていうか僕ら世代のためには、この空間で何をやったらいいんだろう？という話。僕の話は企業政策的な視点からのものなので、糸井さんには生活者目線でどうお考えかをまずうかがいたいんです。

糸井　世間から「糸井重里」として見られているやつ、あいつは元気です。あいつは元気ですけど、このテーマを考えるときは、見えていない自分にもっと突っ込んでいかなければいけないと思うんですね。そうすると、僕は実はおそらくもうそんなにタフじゃないんで、どうやって楽《ラク》して面白く、あくびしながら生きていくかみたいなことを、いちばん本音のところでは誰にも説明できない状態で持っている。生活者っておっしゃったけど、そういう自分の姿っていうのは、自分しか知らないのですよね。で、自分しか知らない自分っていうのは、こういうコミュニケーションの場に出てくるプレミアエイジの像とは違っていて、実は周囲に対して「うるさいな、お前ら」って思っている。人に会いたいとも思わないし、もちろんそれは退屈だってことは知っているんだけど、ちょうどよく退屈で、ちょうどよく退屈しなくて、足りているんだけど欲張りもせず、いちばんいい具合のところ……、それを一生懸命探しているんだと思うんですよ。

増田　僕もそういうところあるんです。

糸井　そうでしょうね、そうは見せないけれど。たまたま今日、僕の最初の助手が亡くなって、葬式から帰ってきたんですけれど、遺影が若いんですよ。55歳で急に亡くなって、悲しいから涙も出るんだけれど、広告業界は今は大変な時期で、彼のいた会社なんかはリストラの嵐でして、そこで生きていくつらさってなんとなく想像がつくわけですよね。それで遺影を見ていたら、ふっと「もしかしたらお前、楽になったのかもな」って思ったんですよ。もちろん葬式でそんなことを言う人いないから黙ってはいたんですけど、早死にした人に向かって、ちょっとうらやましいなって思った自分に、びっくりしたんですよね。そういえば仏教には死んだら生まれ変わると

いう輪廻転生の教えがありますが、鎌倉時代に流行った浄土教だと、浄土に行ったきり帰ってこないんですよ。生まれ変わらないってことを教えたら、急に流行った。生まれ変わりたくないっていうほど、現世がつらかったわけですよね。それを言わせた時代の悲しさと、昔の助手が早死にした時に、「よかったんじゃない？」って思う気持ちって、鎌倉時代と現代の間には７００年ぐらいの隔たりがあるけれど、それがぐるっとひと巡りしたってことなのかな、とさえ思って。

増田　僕、一度糸井さんにお話ししておきたいなって思うことがあるんです。最近の僕の出来事で。高度成長のときって、お客様のことを考えて、商品とかサービスとか、そういうことを、もう吐き出して吐き出してやってきた。それが最近、軽井沢に別荘というかゲストハウスみたいなものを造ったんです。その時に、造ってくれるプロデューサーの女性とコンセプトのブレストやったんですよ、どんなものを造りたいのかとか、人はなんでリゾートを求めるのかとか。それに対する僕の答えは、ビジネスのオンタイムは〝お客様〟を視ている、オフっていうのは〝自分〟を視る。

糸井　うん、そうだと思う。

増田　で、今は自分を視たいって思う。自分を見失ってしまうぐらいお客様のほうを視て、いろんなものが入ってきたら、それで幸せになるっていうリズムでは今はないから。年齢的にも60だから、もうエンドが視界に入ってきていて、エンドまでに「お前何したいの？」って自分に尋ねておかないと、「え！　もう終わり？」みたいな、そうなるのが嫌だから、それで別荘が欲しかったのかなあと。自分を視られる空間とか、自分と対話できる空間とか、そういうようなことだと思う。

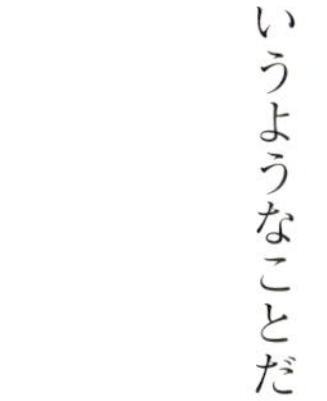

糸井重里

1948年生まれ。コピーライターであり、webサイト「ほぼ日刊イトイ新聞」を運営する東京糸井重里事務所の社長でもある。2005年、同サイトの「社長に学べ！」と題されたコーナーで増田宗昭と対談。5年前も今回も、互いに「経営者」でありながらも、「表現者」と「商売人」という差異を持つ2人のズレと絡みが刺激的な対談となった。

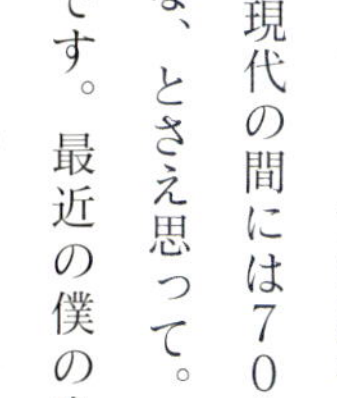

糸井　それは僕もまったく同じで、少なくともさっきのその遺影を見たときに初めて、自分が本当はこう思っているんだって、発見しているわけじゃないですか。いちばん発見しづらいのは自分なんです。お客様は神様ですっていう生き方も、それはそれでいいんですけど、お客様の奴隷になっていくのは自分もお客様もどっちも幸せにはしない。俺は本当は何がしたかったのかとか、今俺が言っていることは嘘なんじゃないかとか、そういう自問自答の部分っていうのが、その人間を作るんです。リアルに理想の自分っていうのがあると、その自分と今の自分とが対話して、そうしてその人が作られるんだって、ずっと前に吉本隆明さんが言っていたけど、まさしくそうですよね。芸者さんとしてお座敷がかかるのがうれしい時期っていうのは、自分と対話なんかしていたら仕事に差し支えるのです。そんなことしている暇があったら、お客さんと楽しくやったほうがいい。でも今は、それをやっているとやっぱり、足元がなくなりますよね。

増田　そういう僕たちが、人口でいうとすごいヴォリュームゾーンになっている。で、これからの僕ら、どうなの？と思う。何が楽しくて、何がしたいんだろう？

糸井　増田さんが会社をやってきた中に、ひとつの答えがあるような気がするんです。自分の自我を肥大させていくってのが、会社だったり事業だったり出世だったり、というわけじゃなくて、「俺はこれが楽しいかどうかわかんないけど、お前らは喜ぶだろう」っていうところで仕事をやっていく、その勢いがないと事業って続かないと思うんですよ。僕も社内の仲間、社員がいきいきとしているのを見ていると、よかったなって思います。で、それと同じことが個人の欲望の中にもあるんじゃないかなと思う。例えばグルメブームっていうものを考えても、今って情報のカードの出し合いみたいになっていて、ラーメンひとつとっても、そこがうまいだのまずいだので喧嘩になるじゃないですか。いちばんいいとされているものには星が3つとかって、それも情報カードに過ぎないし、しゃらくさいですよね。僕は評価と関係なくうまいと思う場所に行きたいし、知っている人同士で「これうまいね」とか、「まずいけど楽しいね」とか言い合える場所に行きますよ。そんな姿勢がやがてどうなっていくかっていうと、たぶん自分なんかはそこに近くなっていると思うんですけど、僕が薦めたものを人が「おいしい」って言って食べてくれるのを見ていると、自分がうまいと思うより満足できたりする。自分の口で食べるより他人の口で食ったほうがうまいような気がするっていう、そのあたりのところに、欲望が肥大化したのか変形したのか戻ったのか、それはわかんないんですけど、そういうふうになっていくんじゃないかなって。ラジオ番組の1コーナーで、歌謡曲についてしゃべるという企画をやっていたんですが、歌謡曲っていいんですよ。ただずーっとなんとなく認められずにそのままになっちゃってるけど、歌謡曲は作った人の手練手管も含めて面白いですよ、ってラジオでしゃべった。そうするとちょっと年の若い人たちが、こりゃ面白いですねって言ってくれる。それも「あの店のお好み焼きは旨いんだよ」というのと同じ構造ですよ。だいたいの面白いことって、今はこんなふうに全集化したというか、ライブラリー化したというか、出そろった時代だと思うんです。それを「どうぞ」って受け渡しておしまいになるのかなぁと、今は思いますね。

増田　情報カードの出し合いが虚しいっていうのは、つまりどういうことなの？

糸井　例えばインターネットも触んなきゃTSUTAYAも知らない、けど尊敬できる。そんな無口なおやじって絶対いるわけでしょう。その何でもなさに対する無限のリスペクトっていうのをベースに置くのが、これから先の自分の考え方になると思うんです。世界全体がしゃらくさくなっていく中で、それを許せないとは言えないんですよ、俺の中にもそういう成分いっぱいあるし、自己否定になっちゃうから。だけど僕は、なんていうんだろうな、犬だって尊敬できる。

増田　だからキーワードはリスペクト？

糸井　リスペクトですね。能力とか機能とか、見えるものを備えている価値観のヒエラルキーみたいなものが中心になる限りは、たとえ主役となる価値が入れ替わっても、ずーっとバカバカしい、しゃらくさいものの時代が続くと思うんです。僕もしゃらくさい者のひとりですから。

増田　僕流にね、今の糸井さんの話を編集しちゃうと、リスペクトの量が幸せの量に直結するんじゃないかな。そういや僕も唯《い》々《い》諾《だく》々《だく》と言うことを聞く社員じゃなくて、リスペクトできるパートナーとの出会いがあったら、それって幸せだよね。例えば靴でいうと、本当にまじめに靴を作っているおやじがいて、そのおっさんをリスペクトできるおっさんである自分、そういう関係性を発見できたら、その靴を持つだけで、かなり幸せな気分になれるんじゃないかなあと。

糸井　なるんでしょうね、だから人が食べているのを見るのがいちばんうまいって言ったけど、自分が食べるのは絶対うまいものであってほしいですよね。両面があるんだと思うんです。

増田　僕はこの一年、代官山に『平凡パンチ』の全号をそろえるっていうことにチャレンジしているんだけど、その中でリスペクトって言葉が、けっこう刺さっていてね。今、話を聞いていて、じゃあ代官山プロジェクトはどの部分がリスペクトされるのかなあと思いました。僕にとって『平凡パンチ』のいちばんの軸は、表紙を描いていたイラストレーターの大橋歩さんで、大橋さんの功績はリスペクトできる。だから『平凡パンチ』そのものじゃなくて、大橋歩さんの仕事がそこに存在することがリスペクトの対象。つまり切り口を変えてこの代官山プロジェクトを見てみると、幸せの量とリスペクトが比例するんだとしたら、どれぐらいみんながリスペクトできるストーリーや文化がそこにあるのかっていうことがテーマになるのかもしれない。

糸井　今おっしゃったリスペクトっていうのを仮に価値の体系の中に置いてみると、ちょうど利益の話と同じで、リスペクトを利益に代入できる関係であると今の文脈だと思えてしまうんですけれど、求めてリスペクトされるように持っていったものはダメなんですよ。利益は目的ではなく手段である、ってことと同じように、リスペクトっていうのはあくまで結果だと思うんですよ。

増田　僕が言ったのはね、今やっていることをリスペクトって視点で切ったらどうなるんだろうっていうことなんです。僕がずーっと模索しているのは、代官山のこの場所に来たときの自分の気持ちです。そこでどんなことで僕は幸せを感じるのかなって。この前、うちの息子に「いちばん大事にするのは何?」って聞いたら、友達って言うの。そういえば、グーグルよりも皆ツイッターとかのほうにシフトしているじゃない。情報が欲しいんじゃなくて、つながりが欲しいんです。

だから代官山プロジェクトのテーマはコミュニケーションじゃないかって切り口もある。糸井さんにしたらそんなの煩わしいだけだって話もあるかもしれないけど、僕はこれからこういう商業施設を考えるときにいちばん大事なのは、コミュニケーションだと思う。そこで人がどうコミュニケートできるかってことを極めた空間、みたいなことを、ここではやりたいなと思っていて、極端な話をすると、この4000坪全部をカフェにしてしまったらどうかとかね。あくまでエンターテインメントってのは、コミュニケーションの素材でしかないんだから。

糸井　コミュニケーションって聞くよりも、カフェと言われたほうが面白いですね。僕は最近、増田さんの邪魔をしているわけではないんですけど(笑)、アンチコミュニケーションってことばかり言っているんです。英語で人が会話しているのを見ていると、英語の人格になるとお互いカードを出し合うんですよ。日本人なら出さないカードについて、やり取りしているんです。カードになっていないのは、つまり「ない」ってことなのね、というのが、こういうコミュニケーションの行き先でしょう。でもカフェでは皆が黙っているじゃないですか。視線だけが関係を作っているっていうのは、アメリカ人ならコミュニケーションとは呼ばないですよね。でもカフェの視線っていうのは、エロティックでもあるし、世代も越える。時間もお金もあるけど、やることがないっていう人たちは、年寄り同士で集まりたくはないはずです。若いおねえさんも視てたいし、若いおねえさんは年寄りを特に視たくはないけれど、混ざっていたらしょうがないってぐらいの、そんな無言のクロストークが行われるのが、カフェの自然の文化ではないかなって。

増田　この4000坪をカフェにしたいという動機になっているのは、原宿の「レオン」なんですよ。学生時代、あそこへ行くと有名な人がいっぱいいてね。新聞持って混ざっているだけで、何か知らんけど〝気〟をもらう。インスパイアされていく。ここもそうできないかなと。

糸井　それはいい。今日、いちばん通じたのはそこのところですね。場が視線を交差させる、交差させた向こう側にはリスペクトって要素があったり、血気盛んなときには、勝った負けたがあったり。それが全部混ざり合って、蒸気みたいなのがふぁーって。で、なんか俺、今日くたびれているから、あそこにいってお茶飲んで元気になろうっていう気分になって……。うん、僕はしばらく「視線」という言葉をキーに置いて、ちょっと生きてみます。

増田　ほう、なるほど。結局、存在を認識するってことは視るってことじゃない。視るってことなしに存在は認識できないから、視線ってすごく大事な要素なんじゃないの。

糸井　しかも視るってことは楽しいですよね。生きることに直結しているから。その意味では視線っていわば片思いの連続なんで、コミュニケーションっていう面では役に立たないかもしれないけれど、無限の片思いが交差し合っているカフェっていうのは素敵じゃないですか。

増田　この代官山プロジェクトのゴールっていうのは、そういう素敵な人、そういう視線がある場所ってことかな。

糸井　それでどう儲けるかは知りませんよ（笑）。

増田　それこそ企業政策的な話だから、僕の領分でしょう。そっちは任せておいてください。

第2部

コミュニケーションの力学

第7章 オンとオフの溶解がもたらすもの

最近は耳にする機会が減ったようにも思えるが、ひところ〝IT革命〟という言葉が盛んに使われた。ITとはもちろん「インフォメーション・テクノロジー」を略したものだが、アメリカの未来学者であるアルビン・トフラーが1980年に発表した著書『第三の波（The Third Wave）』あたりが、その言葉が広く一般に流布する露払いの役割を果たしたのだろう。トフラーはこの本の中で、第1の波は1万5000年ほど前に起こった、人間の社会を狩猟採集社会から農耕社会へと転換させた〝農業革命〟、第2の波は18世紀から19世紀にかけて起こり、その農耕社会を産業社会に変貌させた〝産業革命〟とし、第3の波によって今度は脱産業社会が出現すると説いた。そしてその波として挙げられていたのが〝情報革命〟だった。〝IT革命〟とほぼ同義であると考えていいだろう。

カルチュア・コンビニエンス・クラブは企画会社である――私は第1部で繰り返しそう宣言したが、そんな私たちにとって、こうした〝情報革命〟〝IT革命〟が持つ意義は計り知れないほどに大きい。というのは、企画とはすなわち情報の組み合わせだからだ。そして〝産業革命〟の意味を、誰でも高品質の商品を作り出すことを可能にしたものととらえるなら、〝情報革命〟とは誰でもが高品質の企画を生産することを可能にするものになるはずだ。だからこの章では、インフォメーションやコミュニケーションの変容を軸にして、将来におけるTSUTAYAの展開図を描き上げてみたいと思う。

IT革命というものの日本における最も顕著な発現は、携帯電話の普及と進化だろう。いま人々はこの端末を、〝携帯電話〟とはまず呼ばない。ただ〝ケータイ〟というのが普通だ。なんでも略そうとする日本人の性癖によるのかもしれないが、同時にそこにあるのは、この端末はすでに単なる電話ではないという認識だろう。実際、街なかで見ていても、あの端末を電話機としてのみ使用している人はもはや少ない。メールをやりとりしているか、ネットを閲覧しているか、人によってさまざまな使い方をしている。そしてその用途はスマートフォンの登場などもあって、さらに広汎なものになりつつある。

そんな多機能で高性能の端末が人々にあまねく行き渡ったことは、私たちの生活に何をもたらしたのだろうか？　その私なりの答えをひと言でいえば、それは私たちの生活から〝オン〟と〝オフ〟の区別が消えた、ということになると思う。

携帯端末の登場以前は、職場と家庭ははっきりと分かれていた。会社を出てしまえば、そこで仕事は終わり。後はプライベートな時間が待っていたのだ。しかし誰もが携帯端末を持つ現代では、オフィスを離れても、あるいは休日であっても、仕事が追いかけてくるようになった。逆に職場にあって趣味の情報を集めることだって、容易にできるようになっている。そこにはもうオンとオフの区別はない。携帯端末の普及が、その間にあった壁を溶解させてしまったのだ。

もちろんこうした変化には、歓迎すべき面もある。いわば仕事も趣味も同時にこなせるわけで、つまりは生活のマルチタスク化が携帯端末によって可能になった、という言い方もできるのだから。携帯端末は私たちの生活にあって、次々とさまざまなウインドウを開いてくれる。仕事でも趣味でも、生産性が飛躍的に上がる可能性が生まれたのだ。クリエイティヴィティの拡大を携帯端末は呼び込んだといっていい。

しかし一方でオンとオフの間の壁が溶融してしまえば、仕事に追い詰められる人も増えるかもしれないし、仕事から逃避し続ける人も多くなるかもしれない。実は私自身にそういう傾向が強いのだが、自分が属する会社の成長と自分自身の成長という、本来は別次元に属する事象を同一視してしまうタイプの人間というものがいる。携帯端末の普及は、そうした人々を生み出しやすくしているという側面もあるのではなかろうか?

本来オンとオフとは、やはり逆のベクトルを持っているものなのだ。そしてそれを両立させることで、人は自らのバランスを保ってきたという面が確かにある。だからここでもう少し、オンとオフ、それぞれの持つベクトルについて考えてみよう。

単純に図式化すれば、オンとはお金をもらうための時間、オフとはお金を使うための時間という言い方もできるだろう。そしてこのとき、お金をもらうためには、人は他者を視る必要がある。顧客や上司、同僚といった他者から求められているものを把握し、それを提供することで、人は代価を得るのだから。逆にお金を使うためには、人は自分を視る必要があるのだ。自分自身にとって大切なものは何なのかを見極め、それを手にするために人は出費する。

さらにいえば、そんなふうに人が自分自身を視るための場所として、〝リゾート〟というものはあるのだ。広い海が見渡せる場所で、あるいは深い森に包まれる場所で、人は自分と向き合う時間を与えられる。そうした意味では、人々がリゾートを海外に求めようとする傾向が強いのも、ごく自然なことだろう。これは別に日本人に限ったことではない。珊瑚礁の海に浮かぶ島でもいい、オーロラが見える極点の町でもいい、人はあえて自分自身が属する社会から離れた場所に身を置くことで、普段の自分を取り巻いている他者を視る必要のない時間、自分自身と向き合う時間を創り出そうとしているのだ。

私は本当の意味での〝ＩＴ革命〟は、まだ実現してはいないと思う。２０１０年はいわば、革命前夜といったところだ。一部の人たちだけではなく、すべての人がその恩恵を享受して初めて、その革命は完成するのだから。それは目の前に来ている。そしてまさしくその革命が完遂するのと時を同じくして、ＴＳＵＴＡＹＡの代官山プロジェクトが誕生することになる。だから代官山プロジェクトとは、ＩＴ革命時代に必要とされる場所とはどんな空間なのかという問いに対する私なりの回答になる、と言っておこう。

第8章

代官山と軽井沢という森の磁場

ＩＴ革命は人と人とのコミュニケーション・レベルを、飛躍的に高める。当然、代官山に新しく誕生するＴＳＵＴＹＡの店舗は、そうした進化したＩＴ技術を取り入れたものになる。前章で、〝産業革命〟が誰でも高品質の商品を作り出すことを可能にしたように〝情報革命〟は誰でも高品質の企画を生産することを可能にする、と書いたが、代官山のＴＳＵＴＡＹＡにおいては、運営する企画会社のカルチュア・コンビニエンス・クラブの社員だけではなく、いやそれ以上に、そこを訪れるプレミアエイジの顧客の人々が、自らの生活を企画していくクリエイターとなるだろう。それを可能にするためにも、最先端のＩＴ技術を店舗に導入することは不可欠だ。

しかし同時に、そこはＩＴ革命から最も遠く離れた場所でなければならない。いや、決して矛盾した命題ではない。ひとつの新しい現象が生まれれば、必ずその価値に比例した大きさで反発する部分も姿を現す。そうした正の部分と負の部分を止揚・統合することで、その現象はさらに高次の段階に進んでいく。弁証法の原理だ。そして人の歴史とは弁証法的に進化していくものなのだと、２００年も前にヘーゲルが言っている。

ＩＴ革命とはひと言でいえばユビキタス、すなわちいつでもどこでも自分の望む情報を取り出すことができるということを意味している。こうした技術が社会に浸透すれば、人々の生活からオンとオフの壁が溶解していくのは、ごく自然な成り行きだろう。

しかしだからこそ、〝オフの復権〟を求める想いが人々の中で強まっていくのも間違いない。いつでもどこでも他者が発信する情報を取り出せる、別の言い方をすれば、他者からの情報に常にさらされる人々にとっては、そこから離れるオフの時間が、精神のバランスを取るうえで必要になっていくからだ。そしてそのための場所が、〝リゾート〟なのだ。だからTSUTAYAの代官山でのプロジェクトとは、一方でIT技術を駆使しながら、他方では東京という都会の中にひとつのリゾートを創り出す試みなのだともいうことができる。その二面性を持たない限り、このプロジェクトの成功はないだろう。

そしてこの二面性を持たせるという意味において、代官山はうってつけの土地だと私は考えている。代官山という土地の特性や、その特性を生かして私たちが具体的にどんなものをそこに展開しようとしているかについては、また第3部で述べることにしたいのだが、リゾートとしての代官山の可能性についてだけは、ここで触れておきたい。

私は1970年・80年・90年の3つをエポックメイキングな年、いわば戦後日本の経済や文化における里程標《マイル・ストーン》として捉えている。70年に団塊世代が労働市場に登場して経済成長の原動力となり、80年には彼らが生産ばかりでなく消費の主役ともなって消費社会の成熟を引き寄せ、そして90年は〝団塊ジュニア〟が修学年限の終わりに差しかかった。そしてそれは経済や文化の中心地の変遷とも対応していたのだとも思う。

ひとつ、象徴的な例を挙げよう。ファストフードを日本の日常生活の中に定着させた日本マクドナルドだ。マクドナルドが日本に上陸した際の第1号店が銀座であったことは、多くの人が知っているだろう。しかし第1号店を銀座にオープンさせることは、それほどすんなり決まったわけではない。本社にあたるアメリカ側は、この第1号店の候補地を湘南と考えていたらしい。良い悪いではなく、いかにもモータリゼーションと結びつくことで成長したアメリカの外食産業らしい発想だと私には思える。郊外までドライブに出かけ、そこでハンバーガーをほおばる。そんなシーンの舞台として、アメリカ側はスタイリッシュなリゾートのイメージが強かった湘南を推したのだろう。しかし日本マクドナルドの創業者であった藤田田《でん》氏は、第1号店の場所として銀座にこだわった。日本人の消費生活にとって、銀座は特別な場所なのだという認識だ。そしてその認識と銀座出店という戦術が正しかったことは、その後のマクドナルドの成長が証明している。

　これが１９７１年のことだった。１９７０年まではまさに銀座が大衆経済や消費文化の中心点であったことを、この逸話は明瞭に物語っている。そしてこの時点では、リゾートというものは日本人の消費生活にあって、現在ほどの意味を持っていなかったのだ。しかし70年・80年という里程標を過ぎていく中で消費の主役となる人々が入れ替わり、その数も増えるとともに、すでにエスタブリッシュメントされた銀座から中心点は移動していくことになる。ごく大雑把にいえば、70年代からはサブカルチャーのメッカとなった新宿、80年代からはファッションをキーワードにした渋谷や青山の地位が高まった時代へと移り変わっていった。

そしてこれからそうした中心点が移っていく先が、実は軽井沢と代官山だろうと私は考えている。意外に響くかもしれないが、このふたつの土地には共通点が多い。ともに豊かな緑に恵まれていること、ショッピングモールや上質な専門店などの消費生活のインフラが充実していること、時間的・経済的な余裕を有した消費者が多く存在すること。そうそう、もうひとつ面白いところでは、このふたつの土地とも、実際に歩いてみると犬を散歩させている人と数多く出会う、ということもある。この日本では現在、人間の子どもの3倍もの数の子犬が生まれている。少子化の一方で、空前のペット社会ができつつあるのだ。そうした〝ペット〟と〝リゾート〟の間に、私は強い連関を感じる。いずれも人にとって、オフの時間に必要とされるものであるからだ。そして軽井沢と代官山は、そうした〝オフの復権〟に必要な舞台装置をすべて備えている。まさしくIT革命時代の消費生活の中心点となる資格は十分にあるのだ。『代官山に〝森のリゾート〟を創る』――ワクワクしてこないだろうか？　もしこのワンフレーズをあなたが「面白そうだ」と感じてくれるのなら、このプロジェクトはすでに半分以上成功している。

第9章

"編集権"が移行する時代

ここまではＩＴ革命がもたらす〝オンとオフの溶解〟という影響の面に眼を向け、その中にあって必要とされる空間の性質について述べてきた。ここからは少し視点を変えて、ＩＴ技術が本来的に持つ力そのものがＴＳＵＴＡＹＡの代官山プロジェクトにどうかかわってくるのかを考えてみたい。

実際、ＴＳＵＴＡＹＡほど、ＩＴ技術進展の影響を直接的に受ける業態はないだろう。ＴＳＵＴＡＹＡは〝ライフスタイルを提案するストアである〟という信念のもとに、そのライフスタイルが表現されたものとしての映画・音楽・書籍とコンシューマーとが接する場であろうと努めてきた。しかし音楽は今、ＣＤから音楽配信へと流通の軸足が変わりつつある。書籍においても電子書籍のシェアは急拡大し、映画のような大容量のデータを必要とするソフトにも、この変化は早晩及ぶだろう。これまでの、ＣＤとＤＶＤと書籍をただ取りそろえておけばいいという時代は、もう終わったのだ。

そしてこうした流通形態の変化は、必然的にそこでやり取りされる情報の性質まで変えてしまう。それをひと言でいえば、エンターテインメントのソフトとはこれまでは〝編集された情報〟としてコンシューマーに届けられていたのに対し、これからは〝編集されていない情報〟として流布することになる、ということになるだろう。それをさらに短くいえば、〝パッケージの時代からネットの時代へ〟ということだ。

例えば音楽でいえば、かつてはミュージシャンやプロデューサーといった〝プロ〟の送り手が、どういう曲をどういう順番で入れて……と考えを巡らし、編集作業を施して1枚のアルバムとして完成させ、それを聴き手に提供していた。しかしネットの世界では、そうした作業の意味は薄れる。すべてのミュージシャンのすべての楽曲が、価値的には等価の〝1曲〟として存在する。そこに意味を見出し、編集を施していくのはすでに音楽の送り手ではなく、ネットを使ってそれを収集する受け手の側だ。かつてはレコードやCDはコレクションされるものだった。いわば蓄積されるべきものだったのだ。しかし今では、楽曲は編集されるべき素材として存在する。Jポップのヒット曲とクラシックのピアノ協奏曲とヒップホップの新曲を組み合わせて、その人なりのコンピレーションを創ったってかまわない。その権利がネットユーザーのすべてに与えられている。そう、つまり現代とは〝編集権〟が送り手から受け手へと移行された時代ということもできるのだ。

もっともこうした変化は、実はTSUTAYAの本質と極めてマッチしたものだとも私は考えている。というのはTSUTAYAとはそもそも、編集のための素材を人々に提供するための存在であったからだ。〝編集権が移行する時代〟とは、TSUTAYA創業時に私が思い描いた時代像であった。それがIT革命で一般化したというだけだ。

振り返れば、TSUTAYAが成長した原因を〝貸しレコードはレコードを買うよりも安かったから〟とのみ考える人が、以前は少なからずいた。私からすれば、これは浅薄で皮相的な見方であると思う。それはレコードやCDそのものを商品と捉えることから生まれる見方だ。しかし第1部でも書いたようにTSUTAYAで扱っているのはあくまでもライフスタイルであって、私はCDやDVDが商材であると考えたことはない。言い換えればTSUTAYAのユーザーとはドライブに行くとき、自分でそのドライブ用に編集したコンピレーションのカセットテープを作っていく、というタイプの人々だったのだ。そのための素材であるのなら、使いたい曲が1曲入っているだけのアルバムを買うよりも、そのレコードを借りてきたほうが効率的だ。そう考える人たちの支持があったからこそ、TSUTAYAの成長は可能になった。私はそう分析している。

思えば、それはファッションにしても同じことだろう。ユニクロなどのファストファッションが売れているのは、ただ安いからというだけでは決してない。従来の、トップスからボトムスまでデザイナーがコーディネート提案してくれたものを身につけるというスタイルから、さまざまな素材を使って自らのセンスを表現していこうという姿勢へのコンシューマーの変化が、ファストファッション人気の底流には絶対にある。ショップに並んでいるのは、あくまで〝素材〟なのだ。だから画一的であってもかまわない。

それを買う人は自らコーディネート、すなわち自分独自の編集作業を行うことによって、独自性を発生させようとしているのだから。

そしてもとより編集する人々に対してその素材を提供してきたTSUTAYAにあっても、編集権の移行がより顕現化するこれからの時代には、店舗のスタイルを変えていく必要があるだろう。これまでの店舗は、顧客が来店することを当然の前提としてきた面もあった。しかし編集するための素材が、それこそいつでもどこでもネットから取り出せる時代になれば、そうした方法論は用をなさなくなる。人々にわざわざその場所まで足を運んでもらえるだけの魅力創りが、何よりも大切になるのだ。さらにいえばスタッフ一人ひとりの適応力も、これまで以上に求められることになる。これまでCDショップでは、POPやポスターが商品紹介の主要なツールだった。しかし送り手側が編集しただけのPOPやポスターでは、顧客は満足しなくなるかもしれない。そこでは例えばCDやDVDなどのパッケージソフトとタブレットPCしか置いていない店舗というものも考えられる。顧客はそうした端末を通して、自分に必要な素材を選んでいく。スタッフはその際に有効な助言を与えられる、いわば共同編集者となる必要も出てくるのだ。それを〝大変だ〟と思ってしまうのか、〝面白い〟と思えるのか。それが編集権が移行する時代に生き残っていけるかどうかの、ひとつの試金石になるのだろう。

第10章

リコメンド進化論

少し驚くようなデータを挙げよう。とある卸会社のＤＶＤ売り上げに関するデータだ。この会社では1か月にざっと１０００万枚のＤＶＤが売れる。ちなみにその倉庫にそろえられているのは７万タイトル。しかし、この全タイトルの中で50枚以上売れたものは９０００しかない。50枚売れなかったＤＶＤが６万以上あることになるが、そのすべての販売枚数を足すと、どれくらいになると思うだろうか？　実に40万枚でしかないのだ。つまり残りの９６０万枚は、わずか９０００タイトルで売っていることになる。いわば在庫の10％で売り上げの96％をまかなっているのだ。残りの90％の在庫をすべて合わせても、たった４％の売り上げにしかならない。

ここで私が嫌いなのは、こうしたデータを基にして、売り上げへの貢献が少ないタイトルを整理して効率を高めよう、といった提案をされることだ。しかしこれが店舗側の勝手な都合に過ぎないのは、第1部で述べたとおりだ。例えば「iPad」を見てみよう。あの商品はもともと効率性などにはとらわれず、ひたすらデザイン性や操作性にこだわったものだろう。その結果が顧客の支持を集め、膨大な販売台数を記録した。それを後から集計してみて、効率がよかったという〝結果〟が導かれたに過ぎないではないか。

これと似たことがＴＳＵＴＡＹＡの歴史においてもあった。16年前、恵比寿ガーデンプレイスに新しい店舗をオープンさせたときのことだ。ここでは効率などは度外視し、

〝ないビデオがない〟という顧客価値の創造に全力を尽くした。その結果として顧客が殺到し、1カ月に1000万円近い利益が残る最優良店舗になったのだ。

効率をよくしようと商品在庫を少なくすることは、すなわち顧客価値を小さくすることだ。それは顧客の失望を買い、結果、売り上げも低下し、だから効率も悪くなってしまう。在庫の10%が売り上げの96%をまかなっているというデータから考えなければならないのは、そうしたことではない。そうではなくて、例えば顧客へのリコメンドをどのようなものに変えていくか、といったようなことであるべきだろう。先に挙げたデータの数字が不適正で、改善の必要があるのなら、それはあくまで顧客へのサービスや提案をレベルアップすることを通して実現されなければならないのだ。

私ごとになるが、自分も還暦を迎えた。仮にあと20年生きるとして、1日に1本映画を観ていっても、7000本しか観ることができない。メジャースタジオ1社でも映画は1万タイトルあるというのに、だ。であれば、やはりその7000本は価値があるものを選びたい。何を観るべきなのか、プロフェッショナルである店舗のスタッフが、お薦めの作品を訪れた顧客にきちんと提示してあげられなければ、話は始まらない。

しかも前章で述べたように、その訪れる顧客からしてこれまでとは変わってきている。編集権を持ったということは、すなわち顧客自身がただリコメンドを受けるだけの存在ではなく、リコメンドの主体となり得るということだ。店舗スタッフにしてみれば、そうした人々へ下手なリコメンデーションはできない。確実にハードルは上がっているのだ。その高いハードルに挑まなくては、結果として〝効率〟は決して上がらない。

また同時に店舗としては、そうした発信力の高い顧客のリコメンドを取り込む必要が出てくるだろう。質の高い顧客とはそれだけで価値を有する存在なのだ。そしてそうした顧客同士が発信する情報が交流する場には、ほかにはない〝場の力〟が宿る。代官山のプロジェクトはそんな力を顕在化させる試みでもあるのだから。

かつて、リコメンデーションとは「1→n」という図式で行われるものだった。しかし現在では「n↕n」へと、その形は変わってきている。今、さまざまな〝教室〟が隆盛を見せているのも、こうした事情の反映だろう。かつて「1→n」という形態の代表だった教室も、現在では「n↕n」で情報交換がなされる場に変貌している。特権的な「1」の地位にあり続けることができる存在など、すでにどこにもいないのだ。もしかしたらTSUTAYAは以前、一部の人にとって「1」であったのかもしれない。パッケージソフトにとっては、店舗スペースとは大きな力を持ち得るメディアだからだ。例えばあるソフトを目立つ所に大量に陳列するといったプリミティブな方法でも、その作品を強力にプッシュすることは可能だった。しかし「n↕n」の時代には、こうした方法論が持つ力は、相対的に弱まらざるを得ない。ネット上ではソフトを販売する側の意見も、購入する側の意見も、基本的に等価なのだ。いや〝売りたい〟という下心がないだけ購入側の意見のほうが公平性が高いと判断され、信頼を得やすいともいえる。だからこそ、これからは店舗スペースというメディアの力に寄りかかるのではない、顧客価値に合致する形でのリコメンデーションのあり方を、より真摯に追求していかなくてはならないだろう。

冒頭のデータの話に戻れば、売り場とは10％の在庫を並べて収益を上げるための平台と、90％の在庫がアーカイブとして置かれたラックから成るのだといえる。平台で今、聴くべき音楽や観るべき映画がリコメンドされている一方で、目的を持って訪れる顧客のためにラックに並ぶタイトルは、十分すぎるほどにあるべきなのだ。今、日本で年間に公開される映画は約８００タイトル、映画館の入場者数は1億７０００万人ほどだ。その何倍ものタイトルと本数がＴＳＵＴＡＹＡでは貸し出されたり販売されたりしている。ＴＳＵＴＡＹＡがあるために日本中いつでもどこでも映画が観られるともいえるわけだし、映画というソフトの流通において、それだけの責任を負っているともいえるのだ。勝手な都合でそれを縮小することは、もう許されまい。そして私自身、ＴＳＵＴＡＹＡの一顧客として、「あと７０００本なのだから、何を観るべきなのか、しっかりリコメンドしてくれよ。ただし90％の在庫も老後の楽しみに確保しておいてくれよ」と思うのだ。

第11章 コンテンツは有料か無料か？

かつてインターネットが日本社会にようやく普及し始めたころ、「インターネットは商売にならない」ということが盛んに言われた。ネットの特性とは誰でもがタダで見られるということであり、そこで有料のコンテンツを提供してもユーザーは無料のサイトに流れてしまう。つまりネットを通じて収益を上げるのは無理だ、といったような意見だった。ネットは所詮《しょせん》は趣味の領域を媒介するだけで、ビジネスの主流にはなり得ない——今思えば随分と牧歌的な見通しだったが、新しい時代の黎明《れいめい》期というのは、案外そんなものなのだろう。今でこそ、黒船が来てから日本社会が急速に変わっていったように私たちには見えているが、実際に当時生きていた人々の大部分は、アメリカが来ようがイギリスが来ようが、幕藩体制はずっと続くと思っていたのではなかろうか。

しかし話を戻せばインターネットに関するこうした認識が、出版社やテレビ局、レコード会社などといった既存のコンテンツホルダーの、ネット分野における取り組みの足かせになったことは否めないだろう。音楽配信にせよ電子出版にせよワンセグテレビにせよ、それを主導したのはハードのメーカーや通信のキャリアであったことは注目される。コンテンツホルダーには、〝本来タダ〟のネットに、無意識の拒否感があったのだ。

もっとも〝コンテンツは有料か無料か〟というネット時代における大問題には、まだ確かな答えは出ていないように見える。ネットの中では無料交換ソフトが大手を振って映画や音楽を媒介している。テレビドラマだってＤＶＤを買わずとも、ユーチューブで画像を観ることは可能だ。技術が進展し、ルールが形成されても、やはりネット社会の中では同一のコンテンツが有料と無料のふた通りのあり方で存在してしまっているのだ。

この問題に短兵急に解決を求めるのは難しいと思う。ネットは広く世界中のユーザーに開かれている以上、そうした無数のユーザーの間に、ある一定の認識が醸成されるのを待つ必要があるからだ。ただ、こうしたコンテンツを扱う事業をしている立場からいわせてもらえば、これからはそうしたコンテンツに対するリスペクトがますます重要になってくる、ということだけは確信される。〝リスペクト〟がこれからのビジネスにおけるキーワードだといってもいい。リスペクトを持たない事業者のもとには、結局は優良なコンテンツは集まってこないし、そしてそれ以上に、優良な顧客は絶対につかない。ここでいう優良な顧客とは、カルチャーやエンターテインメントを愛する人々だ。単に時間つぶしに消費しているという人ならともかく、作品に愛情を注ぐファンであれば、作家や作品を敬愛する気持ちは必ず持っている。そんな人々が、有料であれ無料であれコンテンツを単なる〝商材〟としてしか見ない事業者の、永続的な顧客となるはずもないのだ。逆にいえばコンテンツに対してリスペクトを持ち続ける限り、そこにはビジネスに発展する萌芽が必ず見つけられる。

私の経験でいえば、こんなことがあった。2003年、六本木ヒルズの誕生とともに「TSUTAYA TOKYO ROPPONGI」をオープンさせたときのことだ。私はこの店舗に全国のTSUTAYAで初めて、書籍フロアとスターバックス コーヒーを融合させた〝BOOK&CAFE〟のスペースを造った。ここで私が実践したのは、一種のコンテンツの無料化である。その空間を訪れた人は、気に入った本を無料で読むことができるのだから。私はここで収益を上げようなどと思っていたわけではなく、ただ、「本を読みながらコーヒーを飲める場所があったらうれしいな」という自分自身の想いを満たす空間を造っただけのことだった。しかし結果として、この店舗は六本木ヒルズを訪れる人々の間で人気を呼び、コーヒーの売り上げで大きな利益を出すことになった。そしてさらには書籍の売り上げも伸びたのだった。書店という利益率の小さな業態の収益構造を根本から変える、〝BOOK&CAFE〟という新しい業態を生み出すに至ったのだ。

それが創り手の不利益につながるのではないのなら、コンテンツが無料になってもいいではないか。私はそう思う。優良なコンテンツを囲い込むことが、コンテンツホルダーの本義であるわけではない。作品や作家へのリスペクトがあれば、自然とそのコンテンツを少しでも多くの人々に触れてもらう機会を創るように腐心するのではないか。それはそのまま顧客の利益にもつながるのだ。

さらに大切なのは、〝リスペクト〟という想いは自然と社会貢献につながっていく性質を持っている、ということだろう。なぜならそれは、つまりは他者を尊重する心の動きだからだ。それが作家や作品に向かえばリスペクトという名で呼ばれるべきものになるし、それが社会へ向かえば社会貢献への希求という形をとる。そして私はこれからのビジネスとは、社会貢献と不即不離のものになっていくに違いないとも思っている。

そこで私が代官山プロジェクトにおいて創りたいと思っているのは、実は図書館なのだ。図書館とはそれがヨーロッパで生まれた当時、文化を育てることに対する責任を自らに課した貴族たちの、矜持《きょうじ》の証明であった。そして私は代官山に新しく生まれるTSUTAYAも同じように、その本質は〝店〟ではなく〝知のストレージ〟なのだと捉えている。書籍も映画も音楽も、それは貴重な文化的財産であり、つまりは社会的財産だ。それを集積するための場所なのだ。そこではインターネットも、もちろん大きな役割を果たすだろう。貴重な知的資産をネットワークする手段としてだ。そこに集う人々がネットを介してコンテンツを持ち寄り、そこにコミュニティが形成される。それは図書館を介して集った中世の貴族社会にも似ている。いわば知の貴族社会だ。それができれば、〝店〟などはおまけに過ぎない。そしてそこでは、もう「コンテンツは有料か無料か?」という問いかけ自体、意味をなさないものになっているかもしれない。

第12章

オンラインは体温を持てるか？

ＴＳＵＴＡＹＡのような店にかかわっていると、自然と人々がエンターテインメントに今何を求めているのかが見えてくる。もちろんそれはある種の流行というか、漠とした曖昧なものなのだが、それでも個人個人の好き嫌いや志向を超えた〝時代の気分〟とでも呼ぶべきものは、確かに存在している。

ここ数年のＤＶＤのセルやレンタルの傾向から見れば、アメリカ産のハリウッドものが失速し、それに代わって韓国のドラマや映画が急速に台頭してきた。この傾向は音楽ＣＤにおいても顕著だ。これは何を示唆しているのだろう？

私はここに、アメリカ的な利己主義の行き詰まりと、その反動としての家族主義への回帰を見る。格差社会が叫ばれ、金融危機に端を発した雇用不安も収束しない。能力があれば成功するという、資本主義が生み出した競争の原理にはもう疲れた。そうした中にあって、人々は家族や仲間といった伝統的な価値観に、自らの行き場所を見つけようとしているのではないか。私にはそう思えるのだ。

実は前章で述べた「これからのビジネスは社会貢献と不即不離のものになっていく」という考えの源流はここにもある。時代の気分は今、大きく舵を切ろうとしているのだ。利己主義が行き詰まり、利他主義への揺り戻しが起きている。それはそのまま〝エコ〟にもつながる。自分勝手な消費の姿勢から、環境に配慮したリサイクルへ――。

こうした変化は、もちろん人々のコミュニケーションのあり方にも影響を及ぼす。インターネットというコミュニケーションのマーケットにおいて、人々が手を伸ばす商品も変わってくるだろう。例えば顕著な例がツイッターだ。ごく単純に図式化すれば、情報につながるのがグーグルであり、人につながるのがツイッターだ。ツイッターが流行するのは、ただ目新しいからではない。ユーザーの多くが、だれか自分以外の他者と、今つながっているという感覚を持ちたがっているからだ。それが時代の気分なのだ。

もうひとつ、面白い例がある。利己主義の総本山のようなアメリカでの事例だ。アメリカではテレビショッピングが、社会にすっかり定着している。国土が広いためという面もあれば、カード社会が成熟しているからという面もあるのだろう。とりわけ「インフォマーシャル」はアメリカのテレビショッピングから生まれた手法として知られている。インフォメーションとコマーシャルを組み合わせた造語で、商品の信頼を高めるために、まるでドキュメンタリー番組のように商品を使用した実験や体験者の感想などを盛り込んで、ひとつの商品の紹介コーナーを構成する。いまでは日本のBS放送などで日常的に目にするが、これがアメリカのテレビショッピング番組に登場したときは、ひとつの革命的な手法であると評価されたものだった。

そんなテレビショッピング番組を提供している、通販会社のコールセンターの話だ。

このコールセンターに深夜かかってくる電話は、そのほとんどが〝人生相談〟なのだという。決して面白半分の悪戯《いたずら》電話ではない。大真面目で、切実な電話なのだ。もちろん、それぞれの通販会社には対応マニュアルが用意されていると思うが、ここではその相談につき合うように指示されているのだろう、電話してきたカスタマーは15分も自分の身の上相談をした後に、「それではこの商品を購入するわ」となるのが一般的らしい。

インフォマーシャルという手法が誘発した部分もあるのかもしれない。一般ユーザーがテレビ画面上で実体験を語る姿に、自分自身を投影させてしまう人が少なくないということなのだろう。しかし同時に、このエピソードにはインターネットの、これからの向かうべき先が暗示されているような気がしてならない。テレビショッピングは、わざわざ店に出向かなくても自分の希望の商品が購入できて便利だから、という理由で隆盛をみた。いま、ネットで行われている多くのビジネスが成立しているのも、同じ理由だろう。そしてテレビショッピングの例を見るとき、これからはこの〝便利になる〟といったメリット以外に、よりエモーショナルな価値が付け加えられることが必要になるのではないかと思えてくるのだ。ヒューマンタッチの部分が感じ取れるインターネット、言い換えれば体温を持ったインターネット。今後はそれが求められるのではないか？

もちろんＴＳＵＴＡＹＡの代官山プロジェクトにおいても、これは大きな課題になる。

店舗というリアルな空間と、ネットによるコミュニケーションを融合させるとなれば、〝体温を持ったネット〟の構築という課題はより重みを増すはずだからだ。

例えば、こんなことも考えられるかもしれない。あらかじめ希望されたユーザーが代官山に来店すると、Tカードを通して来店が確認され、それはわざわざツイッターに書き込まなくてもコミュニティに属する人々にネットを通して配信される。すると、代官山の近くに偶然いた友人や、ちょうど時間が空いていた友人がその人の携帯に「まだしばらくいる？ それなら私もこれから行って合流しようかな」と連絡をとる……。

まだアイディアの域を出ないが、そんなことがあってもいいだろう。そうやってネットを介在させてのコミュニティと、リアルな場所を舞台にしたコミュニティが、日常的に重なっていく契機を創る。成功すれば、ひとつの新しいコミュニティの形を提示できるのではないか？

ＩＴ技術は、日々進歩を遂げている。それはビジネスにとって薔薇色の未来を約束するものでは、もちろんない。いや、それは大きな変革を強いる分、そこに生きる人々に強い負荷を与える面もあるだろう。しかし負荷があるからこそ、それを跳ね返したときの力も強くなるはずだ。ＩＴ革命時代にあるべきプレミアエイジのための空間――代官山プロジェクトはこの難しい課題を与えられて、幸運だったのかもしれない。

飯野賢治

対談

増田宗昭

「コミュニケーションの価値と質」

――名作「Dの食卓」でコンピューターゲームの新しい地平を切り拓いた飯野賢治氏は、デジタル技術の最先端にいながらデジタル至上主義には陥らないバランス感覚を備え、増田にとっては常によき助言者である。この日はふたりに共通する中心課題である〝コミュニケーション〟をテーマに、デジタルがもたらすものと奪うものについて、お互いの想いと考えを語り合った。

増田　「コミュニケーション」って、日本語で言ったらなんだろうね?

飯野　うーん、日本語でっていう質問からははずれちゃうんですが、最近、「コミュニケーション」を「ライブ」って言葉に置き換えられないかってすごく思っているんです。人は人と交流するときに初めて、自分が生きている価値みたいなものを見出すところがあって、だから「ライブ」と「コミュニケーション」って言葉は置き換えてみると非常にわかりやすくなることが多い。やっぱり再現不可能なものにこそみんな価値を感じていて、その意味でも「ライブ」っていうところに置き換えて考えたらどうなのかなって。

増田　僕は顧客価値って言葉をよく使うんだけど、顧客価値ってつまりは、その人が楽しいとか、元気が出るとか、幸せを感じるとか、そういうようなものなんだよね、フィーリングでいうと。昔はさ、車を買ったときとか、ステレオ買ってもらったときとか、モノで人は幸せになったんだよ。でも今はモノがあふれているし、それでは幸せにならない、と。そうしたときに、情報っていうのかな、何かを知って元気になるとか、見て楽しいとか、そういう部分が強まってきていると思う。

しかも情報には2種類あって、ひとつは過去のアーカイブ、過去のものを見て得られる情報と、もうひとつは今、伝わってくる情報。整理すると、最初はモノで人は幸せを感じて、次には過去情報とかバーチャルな情報で幸せになったけれど、今、人が幸せになれるのはライブな情報、今まさにこのようにしゃべっている感じとか、女の人から好きだよってメールが来たときの気持ちとかね。昔もらった手紙ではなくて、今来るメールっていうふうに変わってきているんじゃないかと思う。なぜライブって価値があるのかっていうと、ライブって限界があるじゃない。例えば僕の24時間の中で起こっていることしかライブっていわないし、僕が今日打てるメールって限りがあるし。その限界性にこそ、みんな無意識に価値を感じているのかもしれない。

飯野　10代から70代まで全員が不安なんでしょうね。流行っている歌の歌詞なんか80年代と比べてもあんまり変わってなくて、今の自分の居場所がつかめなくて、今自分がどこで生きているんだろう？みたいな想いが底流にあって、だから愛してるよって抱きしめられると生きている感じがする、あなたは今生きていますよって教えてもらえる……、ほとんどの歌がそのバリエーションだと思うんです。時間の話をすると、人間の労力を除けば、モノを作るコストっていうのは時間かお金じゃないですか。だから僕らが何か商売をするときにお客さんからもらう対価としては、それに見合う時間をもらうかお金をもらうかでしょう。で、昔はお金がなかった。今ももちろんお金が余っているわけではないけど、時間がどんどん足りなくなってきている。先ほどおっしゃった24時間ってどれだけあるのかって考えると、20年前の人の一日の円グラフの割り方と、今の

割り方って細かさが違うと思うんですよね。山手線って昼間は3分間隔で来るじゃないですか。以前調べたら、電車の時刻表が誕生するまでは、人間は「分」なんて気にしなかったらしいんです。時間は単位としてもっと大きなものだった。それが何時5分とか、何時13分とかどんどん割られている。時間に対してシビアになった。ツイッターが人気の理由って山ほどあるんですが、ひとついえば電車の中で1分間使っても楽しめるからなんですよね。日本ってツイッターのアクティブユーザー数が世界一なんです。ユーザー全体の数ではそこまでいってないのですが、アクティブなユーザーの数では世界一。そうなる理由のひとつに、アクセスしてやめてアクセスしてやめてって……そんな人がけっこう多くて、やっぱり電車の中で、代々木で乗って恵比寿で降りようっていうときに、7分間で何をするかって、モバゲーするのかツイッターやるのかになる。だから現在では、たった5分間でうまく行って帰ってこられるような商売、サービスがうまくいっているような気がしているんです。

増田　今の話で思ったんだけど、貧しい時代って大量生産・大量配送だよね。だけど商品がいっぱい出てきてモノが多品種になってくると、単品を届けてくれるサービスが必要になる。そんな宅配サービスがいまや当たり前でしょう。コミュニケーションにあてはめると、お茶でも行こうぜって言って、たらたら半日ぐらいお茶を飲んでいる、そんな長ーいコミュニケーションだったのが、今では1分間でコミュニケーションができるっていう、コミュニケーションの単品バラ発注化が来ているんじゃないかと思うんだよね。昔は、コミュニケーションとるって、なんか七面倒

飯野賢治

1970年生まれ。ゲームクリエイターとして「Dの食卓」をはじめ、名作を生み出し、現在は、クリエイティブディレクターとしてさまざまなプロジェクトを手掛ける。CCCの代官山プロジェクトには、デジタルツールの開発からコミュニケーションコンセプトまで、全体のアドバイザーとしてかかわっている。

くさかったでしょう。アポとって空いているとか空いてないとか。今はそんなの全然いらないもん。

飯野　1分間ちょっとメールとかツイッターとか使えばね。

増田　そう、1分あれば十分だよね。用件終わっちゃうよ。

飯野　たまたま先々週、カミさんと喧嘩したんです。そのときにふと、なんでこんな喧嘩してるのかなって思ったんですね。傍《はた》から見たら他愛のない理由なんですけど、結局はコミュニケーションの問題なんですよ、ほとんどの喧嘩って。さっき歌の話をしましたけど、歌だってほとんどがコミュニケーションのことがテーマでしょう？　連絡がないとか、君に逢いたいとか。で、我が家の喧嘩の原因もほとんどがコミュニケーションの問題。昔は食べ物が足りないとか、生活上いろんな差し迫った問題があったのでしょうが、今はもうそういう理由で喧嘩する機会はなくなって、コミュニケーションが人間関係の問題のほとんどを占めるぐらいになってきているのかなって気がするんです。

増田　それで冒頭に聞いた日本語の訳語の話に戻るんだけど、コミュニケーションってつまり、「人の間」ではないか、「人の間」ってすなわち「人間」ではないか、そういうことを昔の人はわかっていたのではないか。僕にはそう思えるんだよね。いや、動物にしたって親子の関係においても群れの中での関係においても、ちゃんと人と人の間というか、コミュニケーションがあるのよ。その点、人間ってさらに知恵があるもんだからどんどん関係を破壊してみたり、戦争したり、ものすごく魅力的なモノを大量に作ったり……。魅力的なモノを作るっていうのも、例えばみんなで田んぼ耕していたのに、誰かが自動で動いて群れに頼らなくても済むようになるものを作ってしまうなんていうケースを考えればわかるけど、やっぱり関係性を壊す原因になるんだよね。それを人間って文明とか文化とか言ってきているわけなんだよね。人間は文明とか文化とかを創り出す能力があって、それを推し進めていった結果、関係性をどんどん壊していってしまったんだけど、でも動物としてのベースの部分ではやっぱり関係性を必要としている。そういう、壊すんだけど戻っていく、みたいなプロセスの上に今の僕たちがいるんじゃないか。IT化とかモノ余りとかが家族関係をおかしくしていく中で、こういう代官山のような都心の空間というものが、人と人の間をつなぐ空間にならないといけないのかなって、僕は直感的に思っているのかもしれないね。

飯野　ああ、なるほどね。

増田　僕たちの世代のコミュニケーションって意外とアナログで、デジタルなものは「できたら便利なのはわかっているけど、でもあまり使ってない」みたいなところがある。それに対して今の若い人たちは、ニコ動見て、モバゲーにはまって、電車の中でツイッターやってって、そういうのが当たり前。その違いってどこから起きるのかね？

飯野　若ければ若いほど、社会って狭いでしょう。言い方を変えれば、若ければ若いほど、社会を広げたいという意識が強いわけです。例えば子どもなら、生活パターンや行動範囲の個人差って大きくはないですよね。そんなふうに狭い社会に生きているから、それをなるべく広げたいっていう意識は強いんで、そのようなツールを自然と使うようになる。彼らにとってはデジタルもアナログも最初から存在しているし、それであればつながるとか広げるとかという意味では、デジタルのほうが身近だし、手軽ですからね。

増田 そうか、俺はそんな年のころは海外旅行に行きたいと思っていたけどな。

飯野 最近は海外旅行に行きたい人が減っているんですよね。今ってお金の問題ではなくて、海外旅行をプレゼントしますって言っても、「ノー」と言う人がすごく多い。

増田 外のことを知るには、以前は直接行くしかなかったのに、今は「情報」で知ることができる。

飯野 「リアル」と「情報」は、まったく違いますけどね。雑誌でスポンジケーキを見て、味がわかるのかっていう話ですよね。本当は食わないとまったくわからない。僕、かつてルーマニアに行ったことがあるんですけど、ルーマニアって特に田舎に行ってしまうと、まったく英語が通じないんですよ。そうするとまず電車の切符が買えないんですよね、切符が買えたらひとつのゲームエンディングっていうぐらい大変なんです。現地の子どもにパンをおごってあげて自分が行きたいところを指で伝えて買いに行ってもらってとか、そんなことしながらゲームをクリアするんですが、やっている間は、ホント最悪だなあって思っていたんです。ホテルのTVがきれいに映らずに文句言いに行こうとして、どうせ通じないから行くのやめた、みたいな。でも、そんなふうに難しいからこそコミュニケーションが豊かな旅っていうか、そこにつまずいたからこそ、それが面白い旅になった。コミュニケーションをとるってことにおいては、簡単じゃないというか、便利じゃないところに逆に面白さがあって、意思疎通をする達成感が出てくる気もしますね。

増田　さっき「コミュニケーションの単品バラ発注」って言ったでしょ。つまりコミュニケーションの品質ってものが大事になってきていると思うんだよね。日本人のコミュニケーションの質はとても高い。例えば、アメリカ人はコミュニケーションをシンプル化したわけなんだよ。いろんな国民がいていろんな言語があるから、すごくシンプルなコミュニケーション言語を作った。私はＩしかないし、あなたはＹＯＵしかない。だけど日本人って、自分って概念ひとつを見てみても、私、手前、俺、僕、吾輩……、いっぱいある。ＹＯＵだったら、あなた、てめえ、貴様。アメリカ人は何も考えずに初めからＹＯＵっていう言葉を選ぶところ、日本人はまずファイルをスキャンして、その中でいちばん適切な言葉を選んでいる。つまり、コミュニケーションにおける情報処理量は全然違うのです、アメリカ人と日本人とでは。

飯野　昔ある実験を見に行ったことがあって、そこでは被験者がお互いの呼び名を、「おい、てめえ」とか「ばか」とかと決めて対談を始めるんですよ。そうすると、いくら頑張っても喧嘩になるんですね、そんなことだけで。日本語が持っている、英語では問題にされない多様性がすごいなあって思います。ツイッターだって、英語の場合は本当につぶやきぐらいになってしまうんです。

増田　ところが日本語にした瞬間に、風景にしても、林は林で森は森。日本人はこういうコミュニケーションを楽しむ人種だから、ツイッターが世界一になったんだろうと思うな。アメリカ人のコミュニケーションは、必要最小限のことを伝えたり、知ったりするためのものだったのが、日本人はコミュニケーションのやり取りの中できめ細やかな愉悦を感じるというか。つまり、やっぱりコミュニケーションの品質が違うっていうことなんだよね。

飯野　ツイッターの場合は他のツールと違って、基本的にやり方がわかんないので、雑誌を見ていきなりやろうとは思わなくて、友達に勧められて始めることが多いんです。日本の人口は東京に集中しているから、友達に勧められて始めるツイッター人口も、東京が圧倒的ですよね。「東京と集中」という話でいえば、現在は以前にも増して東京に一極集中している。いい悪いはもちろんあるのですが、人口に限らず、です。80年代前後は東京は面白かったっていう感覚が、当時は子どもだったわけですが自分なりにあって。最近はそれがまた戻ってきた気がするんです。オンラインという社会のレイヤーが加わることも影響して。世界の中でもユニークな場所だし、コミュニケーションの仕方も、東京ってかなり特殊なのかなって思うんですよね。すごくいい実験場が目の前にあるなって気がしていて、だから代官山に造り上げるものもすごくユニークなものになるポテンシャルが高いって思う。もしも僕らがロサンジェルスに住んでいたら、こんな面白い施設を造ろうって気になれないと思います。

増田　この代官山プロジェクトを、日本人のコミュニケーションの品質っていう視点でスキャンし直すと、コミュニケーションのコンテンツっていうか、幸せのコンテンツが、どんどんライブになってきている時期じゃない？　では「ライブって僕にとっては何だろうか?」っていうと、一番はやっぱり人を見る、人と話すっていうことなんだよ。それが糧なんだね、きっと。元気になる糧。あの人がいるから会いたいとか、あの人に会えるから行くとか、コミュニケーションの

ライブ体験、そういういい人が集まる代官山を作りたいっていうことがひとつあるかな。それと、僕は最近ね、世界の中心は中国になるって話をよくするんだけれど、僕がそう言ったら、ある人が「そんなの昔からそうなんだ。1820年のGDPを調べなさい」って言うわけ。それで1820年の世界のGDPを当たってみるとね、1番が中国、2番がインドなんです。しかも地球上の全GDPの約3割を中国一国で担っていたのかな。今、世界のセメントの4割を中国が使っているっていうけど、そんなの歴史から見ても当たり前なんだっていう話なんだよね。産業革命以後の資本主義社会でイギリスやアメリカが主役になったっていっても、それはここ200年の出来事でしかなく、中国4000年の歴史ってことでいえば、昔から中国は「世界イコール中国」っていう勢いで動いていたんだよね。で、じゃあなんで産業革命がもう起こっていた1820年に中国が1位を保てたかっていうと、当時のモノづくりの要はやはり人であってね。畑を耕す、レンガを焼く、家を建てる、魚を獲る……全部人手なのよ。だから人の数がGDPに直結する面があって、人口のいちばん多い中国とインドがワンツーであって、実は当然なんだ。で、いまや世界のGDPは1番アメリカ、2番が中国、3番が日本。私の仮説では、もうすぐ中国はアメリカを抜く。なぜかってことはこの代官山にも関係があるんだけど、これからの時代ってモノではなく、情報が価値になるとしたら、情報産業はどこで生まれるかという話なんだよね。日本国内で見れば、それはまず東京で生まれる。当然、人と情報がたくさんあるところで生まれるわけだよ。情報の時代とは脳の時代であり、脳の力は人間の数に比例する。よくクラウドっていうじゃない。

コンピュータを全部つなげて、並列処理で動かす。なぜ東京でしか情報産業が生まれないかっていうと、やっぱり脳がここに集中しているから。だからソリューションが生まれる。つまりクラウドな空間なんだよね。そして上海にはもっと人がいるわけ。中国にはもっと同じ言語で、クラウドとして機能できる人たちがいるわけです。外貨準備高も1番になって、脳の数もいちばんある……中国中心に動くに決まっているでしょう。日本において他の道府県が東京を抜くことがないのと同じように、東京はそのうち上海を追い越せなくなる。で、そういう時代に日本人にできることは、中国人と接点を持つことしかないんだよ。だから中国のクラウド的な頭脳と日本をつなぐ接点として機能する代官山っていうのを見据えてやらなければならない。

飯野　なるほどね。日本人はそもそも、そういうもてなす力をものすごく持った国民だと思うんです。僕は高級ホテルのサービスより高級旅館のサービスのほうが、ホスピタリティは優れていると思うし、そこにサービスの本質があると思う。だから僕も最近は、人を喜ばしたり、元気にさせたりすることを企画していくということを仕事の重要な部分に位置付けているんです。本来的に日本人はそういう力があるのに、皆サボっているというか、そんな気がするので。

増田　もう一度コミュニケーションの話に戻るけど、コミュニケーションっていうのは、独房に入れられた場合も存在するのかな？　外部と遮断されたときのコミュニケーション。

飯野　妄想のコミュニケーションをして、精神的に失調をきたしちゃうでしょうね。時計と太陽を除いただけで人は正気を失いますから。どこかの刑務所の話なんですけど、一日に1回散歩する機会だけが囚人に与えられていて、コミュニケーションは一切遮断されている。で囚人は散歩のときに柱か何かにチャッて傷をつけるんです。それを見た別の囚人に対して、自分以外の誰かが存在しているってことを伝えるわけですね。しるし一個でコミュニケーションできるんです。それほどのもんなんですよ、コミュニケーションの価値って。それで命がつながるほどの。

増田 では独房を出たときのコミュニケーションとは、僕が発信する、僕が受信する、あるいは僕が発信したことに反応してもらえる、ということだけなのかな？　例えば武士は己を知る者のために死ぬ、自分のことを認めてくれる主君のため死ぬ、死ねる。情報を渡したりもらったりってことだけではなくて、人の存在ってそういう要素があるじゃない、すごくすてきな人を見たら、直接のやり取りはなくても俺も頑張らなきゃって思える。そういう意味でいくと、代官山プロジェクトをやっていることそのものが、ある種の崇高さを求める行為だとも思えるんだよね。

飯野 そうですね。単なる価値交換を超えた力を生む発電所みたいなもの。そういうキラキラした、力強いものの像をちゃんと描けていれば、こちらから設計しなくても、そこに人は自然と集ってコミュニケーションを始めていくと思います。

増田 ライブ、糧、崇高さ。それは僕たちがこのプロジェクトにおいて絶対妥協しない、という意志から生まれると思う。僕たち自身が持っていれば、それは人に伝わって、ここにいると癒されるよね、元気が出るよねって感じてもらえる。そのいちばんのエッセンスなんじゃないかな。

第3部

”森の中の図書館“を抱く街

第13章

建築とはすなわちメディアである

何かの企画を立てようとするとき、徹底的にシンプルに考えてみる。これもひとつの重要な方法論だ。現実社会で起こっていることは、当然さまざまな要素が絡み合っている。しかしその一つひとつにとらわれすぎると、ものごとの本質が見えなくなってしまう。一度、そこに贅肉のようにまとわりついている現実的で瑣末な要素をそぎ落とし、本質に向かって直観力を働かせる。それも企画を立てる者にとって必要な態度《アティテュード》だと思う。

例えば、ビジネスを考えるときもそうだ。ビジネスというものには、つまるところふたつの要素しかないと私は思っている。そのひとつは顧客であり、もうひとつは商品だ。顧客に対して商品を提供する——これがビジネスの本質だ。それ以外は枝葉末節にすぎない。ということは、ここで企画を立てる際に必要なのは、①どんな顧客に対してビジネスを行うか　②どんな商品をその顧客に対して用意するか　③その顧客と商品をどういう方法で結びつけるか、という3点でしかないのだ。

この本の第1部では顧客に関する私の考えを述べた。第2部ではコミュニケーション、すなわち顧客と商品をどう結びつけるかについて考えた。だからここからの第3部では、〝商品〟に関して語ろうと思う。それはつまり、2011年夏にオープンする代官山プロジェクトを具体的に語ることでもある。そのプロジェクト自体が、プレミアエイジという顧客に対して私が用意する、究極の商品であるのだから。

ただ、代官山プロジェクトにどんな商品を用意するかを語る前に、まずその店舗建築について説明したい。どのようにして建築に関するコンセプトが熟成され、そしてそれを具現化する建築家はどのようにして選ばれたのか、という経緯についてだ。

私は最初、この代官山プロジェクトの建築イメージとして、〝家〟を考えていた。店ではなく、家。居心地がよく、時間を気にせずにいつまでもいられる、いや、いたくなる空間――。もちろんその発想には、プレミアエイジの人々を顧客として設定したことが土台としてある。そうした人々が訪れたくなるような場所はどこか?と考えたとき、それは相互に分断された人や情報がせわしなく動き回る〝店〟ではなくて、ゆったりとした自分の時間と空間を持てる〝家〟なのではないかと思われたからだ。そのイメージを基に、それを建築という具体的なフェーズに落とし込むための方法を私は考え始めた。そして建築コンペを通して、パートナーとなる建築家と出会う機会を求めることに決めた。

実はこれまで、TSUTAYAにおいては建築コンペという手法を取り入れたことはない。渋谷駅前に大規模な施設を建設したときも、六本木ヒルズに新業態の空間で出店したときも、あらかじめ決めていた建築家の方に、私のコンセプトやアイディアを伝え、それを肉付けしてもらっていたのである。しかし、今回の代官山でのプロジェクトに関してだけは、そうした従来の方法論は取るまいと私は決めていた。

というのは、今回のプロジェクトではこれまで以上に〝コミュニケーション〟が重要な要素になると確信していたからだ。〝家〟が家として機能するのは、そこに家族との過不足のないコミュニケーションが確保されているときだろう。代官山プロジェクトの行きつく先は、プレミアエイジの人々が集う場とならなければならない。そしていわばその魅力ある人々が発電機となって、より若い人々を惹きつける磁力を生み出していくような場とならなければならない。単に商品を並べ、そこを訪れた人々に勝手に選んでもらえばいいという店とは、根本的に異なる性質の空間なのだ。双方向のコミュニケーションという視点がなければ、そんな空間を創り出すことなどできるはずもない。

建築コンペとは、つまりコミュニケーションだ。発注者と受注者がいるだけの関係ではない。ひとつのコンセプトがこちら側から提案される。それに共鳴してくれる複数の建築家から、「それならこんな方法もあるぞ」「それを発展させたらこんな形にもなるぞ」という意見が投げ返される。いわばそこは、クラウド・コンピューティングのようなオープンな出会いの場となるのではないか。そしてそれこそが、代官山プロジェクトが創り上げようとしているものの本質ではないか――。つまり私は、この建築コンペ自体を代官山プロジェクトのプロトタイプにしたいと考えたのだ。このコンペがうまく機能することは、すなわちプロジェクトの目指すところが間違いではないことの立証ともなる。

コンペには約80社が参加をしてくれた。そこには世界的な建築家も数多く含まれており、そしてそれぞれの建築事務所が野心的な提案を行ってくれた。その意味では、このコンペは私たちのように企画を生業《なりわい》とする人間にとっては、このうえなく貴重な機会だったといっていい。結局、その中から11社に絞り込んで第2次プレゼンテーションを行ってもらい、最終的に1社に決めたわけだが、その11社の作品があまりに素晴らしかったため、これを『11ＡＲＴＳ』というタイトルの書籍にまとめた。今それを見返すと、そこには建築というコミュニケーションの断面が浮かび上がる。そう、建築もまたひとつのコミュニケーションなのである。顧客と商品とをつなぐ、極めて重要なツールなのだ。

今回のコンペを経て、代官山プロジェクトの設計を担当するのは「クライン ダイサム アーキテクツ」に決定した。彼らが提案したのはアルファベットの「Ｔ」の形をモチーフにした建築物を連続させて空間を構成するというものだ。私たちがこの提案を採用したのも、〝建築とはコミュニケーションである〟という視点に基づいている。代官山の地に現れる巨大な「Ｔ」は、ＴＳＵＴＡＹＡとＴカードを企画するカルチュア・コンビニエンス・クラブにとってはシンボルであり、メディアである。世界に伝播する力があるアイコンとなるのだ。その「Ｔ」に期待を抱いて訪れる人々に、どんな商品を提供するのか。そここそが私たちの腕の見せどころとなるわけだ。

第14章 代官山と渋谷の位相

土地にはそれぞれ、固有の〝色〟がある。あるいは空気感と言い換えてもいい。多くの場合、それはそこに暮らす人々の間から醸し出されるものだ。しかし、ではなぜその土地にそうした人々が集まり、生きるようになったのかを突き詰めていけば、地形や歴史といった要素が抜きがたく入り込んでくる。そしてそれに対して十分な顧慮がなされることなく行われた開発は、まず失敗する可能性が大きいと思う。バブル期の〝大規模プロジェクト〟のいくつかがその後、無残な姿をさらしながら消えていったり売却されたりしたのは、そうした〝土地固有の色〟とでもいうべきものへのリスペクトが足りなかったからではないか、と私は思っている。

さて、それではTSUTAYAのおよそ30年の歩みにおける最大のプロジェクトの舞台となる代官山という土地は、どんな色を持った土地なのだろう?

私は代官山に土地を取得した2007年以来、いや、その何年も前から、代官山という土地の持つ特質について考え続けてきた。というのは第8章でも書いたとおり、銀座から新宿、さらに渋谷、青山へと移り変わってきた都市の重心が、これからは代官山と軽井沢に移行するのではないかと私には思われたからだ。その直感が正しいと、自分自身を納得させられる材料が欲しかったのである。それが持てて初めて、このプロジェクトをスタートさせることができる。だから私は代官山という土地について調べ始めた。

このとき、私に重要な示唆を与えてくれた、一冊の本がある。人類学者の中沢新一氏が著した『アースダイバー』である。これは縄文時代の、現在の東京にあたる地域の地図を中沢氏が自前で作り、それを持って現在の東京を歩くことでこの街の成り立ちを透視しようという、極めて独創的な試みを基に書き上げられた、刺激的な書物だ。私はこの書物の巻末に付された縄文時代の東京地図を見ていて、代官山という土地の特性の原点に思い至ったのだ。それによれば王子から上野、御茶ノ水、皇居付近、そして三田から品川へと続く台地付近が海岸線になっていて、そうしたフィヨルドのように入り組んだ台地のすぐ下の低地にまで海が入り込んでいた。では……とその地図で現在の代官山周辺を辿ってみると、渋谷はその名のとおりの谷地となって海水の下に沈んでいるのに対し、代官山は海からぽっかりと頭を出しているのである。

〝山の手〟〝下町〟という言葉が表すとおり、高台の乾いた土地は風通しもよく、後にお屋敷町となっていく。これは代官山ももちろん例外ではない。代官山プロジェクトの舞台となるのは、かつて水戸徳川邸があった場所だが、そのほかにもこの近辺には江戸時代以降、大名家など名家の屋敷が数多く存在していた。いわば、まだ江戸も東京もできる遥か以前の、土地がただ海と陸とに分離していただけの時代にあって、すでに陸として気持ちよい風が渡っていたという神話性を有した土地なのである。

さらに現代に目を移せば、代官山は「ヒルサイドテラス」という、建築と街づくりにおける記念碑的な試みの現場となった場所でもある。この「ヒルサイドテラス」とは、代官山一帯に大きな土地を保有している朝倉不動産の依頼に基づいて建築家の槇文彦氏が設計した、店舗・オフィス・集合住宅・文化施設などから成る複合施設だが、驚くべきはそのパースペクティブが具現化するまでの道のりの壮大さだ。第1期工事が着手されたのが1967年、そして第7期工事によって掉尾《ちょうび》を飾る「ヒルサイドウエスト」が完成したのが1998年。つまり、なんと30年もの時間をかけて、ひとりの建築家の透徹した視点・思想によって街づくりが行われたという、極めて稀有なプロジェクトが展開された歴史を代官山は持っているのである。

実際、60年代前半においては代官山は緑におおわれ、その中に朝倉家が所有する建物が数棟点在するだけの土地だったのだという。それが現在のような姿に成長したのは、この30年にわたる「ヒルサイドテラス」プロジェクトによるところが大きい。高度経済成長期からバブル期にかけ、乱開発に乱開発を重ねた東京の中にあって、あえて性急な開発を避けた識見ある土地所有者と、その信任を受けた才能あふれる建築家という理想的な組み合わせによって、この代官山は成熟してきた土地なのである。だからこそ代官山はいま、東京の他の土地にはない種類の品格を持ち得ているのだともいえる。

さらにいえばこの「ヒルサイドテラス」を改めて見るとき、40年以上前にできた建物が、まったく古びていないことにも驚かされる。第1期工事で造られた建築も、第7期工事で加えられた建築も、すべてがごく自然な連なりを形作る貴重なパーツとして機能しているのだ。私がＴＳＵＴＡＹＡの新しいプロジェクトの舞台として「ヒルサイドテラス」に隣接する土地を選んだのも、この事実にたとえようもない魅力を感じたからにほかならない。私たちが創るものも半世紀後、まったく古びていないと人々に感じさせる存在となり得るものか――。それを絶えず自らに問い続けるためにも、代官山の品格を規定しているこの歴史的な名建築の並びに、ＴＳＵＴＡＹＡのフラッグシップは位置する必要があるのだ。今回の建築コンペに日本を代表する多くの建築家が参加してくれたのも、戦後モダニズム建築の正統に位置する槇文彦氏の代表作との間で、有機的な連関を持ち得る建築を創り上げるという大変に難度の高い挑戦に、それぞれの建築家が抗し難い魅力を感じ、情熱をかき立てられたからであるのだろう。

遠い縄文時代、海の上に屹立し、よい風に包まれていた高台の地は、やがて屋敷町として発展し、さらに卓越した都市計画によって、特別な色合いを帯びるに至った。その美しい〝土地の色〟に対する敬意を忘れないこと。実はそれこそが、この代官山プロジェクトの出発点なのである。

第15章

旧山手通りのテロワール

ワインに興味のある方なら、「テロワール」という言葉を耳にする機会も少なくないだろう。気候・地勢・土壌など、ワインに現れる葡萄畑の個性を指す言葉だ。そして代官山の街を歩いていると、私にはこの言葉がよく思い出される。

例えばこの街はその知名度に比して、通りを歩く人が多すぎないという顕著な特徴がある。銀座や新宿、渋谷といった繁華街とは異なり、ここでは〝群衆〟と呼ばれるような人の列を見ることは、まずない。それだけ、群衆に組み入れられることをよしとしない、個々に自立し成熟した人々を惹き寄せる土地としての魅力が、すでに用意されているのだ。それは東京の他のどの場所にもないものに違いない。つまり代官山とは、非常に優れたテロワールを有する土地だということなのだ。

そのテロワールには、代官山という土地の成り立ちが深く関連していることは、前章で述べたとおりだ。縄文時代から海面の上に突き出た、良質の土地であったこと。乱開発とは一線を画し、周到で一貫した街づくりが行われてきたこと……。そして私がもうひとつ、この土地のテロワールに決定的な影響を与えているものとして重視したいのが、旧山手通りというストリートの存在だ。

この旧山手通りが素晴らしいのは、ひとつには代官山近辺の区間に数多くのパーキング・メーターが設置され、自動車で訪れるのに極めて利便性が高いことが挙げられる。

お気に入りの車で乗りつけたまま路上に駐車し、そこから颯爽と街の中に歩き出していく——このストリートにはそんな感覚が確かに存在している。そして付け加えれば、ここで重要なのは、この感覚は野菜や果実にも似て、実は鮮度が命ともいうべきものであるということだ。コイン・パーキングを探して裏道をうろうろしているうちに、街を訪れた瞬間に芽生えた高揚感はみるみるしなびてしまう。しかし旧山手通りにあっては、そんな余計なストレスは考慮しなくていい。いわばこの旧山手通りが、代官山という街と訪れた人との間での心地よい一体感を保証してくれているのだ。

思えばかつては、青山がそうした性格を持った土地だった。人々は都心から青山通りを西下し、通りに愛車を停めて、ブティックやレストランでの時間を楽しんだ。それが可能であったことが、青山という土地のブランド化を推し進めたのは間違いないだろう。ところがそうして街の魅力が高まるとともに店舗の過度の集中が生じ、結局のところ青山通りからそうした利点が失われてしまったのは、皮肉な成り行きだった。そしておそらく現在では旧山手通りこそが、車を利用したゆとりある都市型のライフスタイルを表現できる、東京で最後のストリートだといえると思う。疑いなくこの道は代官山のテロワールを見るうえで欠かすことのできない要素であるし、そして代官山プロジェクトの用地は、まさにその旧山手通りに面して広がっているのである。

もちろん、だからといって代官山プロジェクトが、来店客の駐車スペースをパーキング・メーターに頼るなどということはあり得ない。公共の都市インフラに自分たちが持つべき機能を肩代わりしてもらおうなどということは、考えたこともない。そうではなくて、代官山プロジェクトにおいて私たちがなすべきなのは、旧山手通りのそうした魅力をさらに拡大することであるはずだ。具体的にいえば、路上駐車感覚で利用できる、さらに巨大な駐車スペースを創り出すことなのだ。代官山を訪れた人がストレスなく車を停め、街を回遊することができる機会を保証する。そうして初めて、代官山の特質である洗練や品格を損なうことなく、街と人との一体感を深めることができるはずだ。私は100台は駐車できるスペースを、代官山の森の中に設けるつもりだ。そうすれば、この土地は間違いなく、〝毎日行きたい場所〟になる。

そうした意味で必要となるのが、来店客の数をできるだけフラット化、平準化させるための工夫だろう。もとよりどれだけ広い空間を確保しようとも、駐車台数には上限があるのだ。曜日によって、あるいは一日の中でも時間帯によって、来店客の数にあまりに大きなバラつきが出れば、用意された駐車台数の上限に近づき、来店客の車が滞留するリスクは高まる。それは確実に来店客の心地よさを減じてしまう。だから混雑しすぎる時間帯と閑散としてしまう時間帯を生じさせない努力が、日々求められるに違いない。

そしてその解決の道はイベントや店舗運営など、まさにソフト面の〝企画〟に求められるべきものなのだ。駐車場のスペースとは、まさに物理的なハード面での制約として固定化されてしまうもの。曜日や時間によって、それを伸び縮みさせることはできない。とすれば、そこから生じる凹凸をフラット化するのはソフトの力でしかない。実は東京というのは夜に車で移動するには、大変に使い勝手のよい街だ。そうである以上、夜には夜の魅力が発揮される店づくりができれば、時間による凹凸は克服できるはずだ。例えば夜になるとプレミアエイジが楽しめるイベントが始まるとか、時間帯によって平台に陳列されている商品の構成がフレキシブルに変化するとか、魅力を生み出す仕掛けのネタはいくらでも考えられる。書籍やCD、DVD以外の、何か人をワクワクさせるような商品が夜になると並べられる、などといったことがあってもいいのかもしれない。そういった視点をスタッフ一人ひとりが持つことで、いつ訪れてもストレスを感じさせない居心地のよい空間を創り出す。それが代官山プロジェクトの使命である以上、これまでのTSUTAYAの店舗以上に、ここでは企画力が試されることになるはずだ。

もっとも私はこの高いハードルもクリアできるものと、ある意味で楽観している。ここは代官山なのだ。この土地の豊かなテロワールは、人々の憧憬を集めるライフスタイルのショーケースが、ここでなら実現できると私に教えてくれている。

第16章

TV局所在地と視聴率の意外な相関

ここで話はいったん、代官山から離れる。別に少し考えてみたい場所があるのだ。それは台場であり、汐留であり、六本木である。

いま挙げた地名の共通項とは何かは、すぐおわかりだろう。そう、TVの在京キー局の本社がある場所、それもここ10年ほどの間に移転したTV局の本社がある場所だ。

私はある時、そうしたTV局の本社移転と視聴率との間に、ある種の相関関係が存在することを指し示すグラフを目にした。

例えばフジテレビジョン。1980年代にはトレンディドラマ路線が人気を博し、82年からは12年間連続で年間視聴率三冠王（ゴールデン・プライム・全日）を獲得。そしてこのころに本社移転プロジェクトが持ち上がり、約10年の準備期間を経て97年に台場移転が実現している。しかしこの前後から視聴率は低下し、94年から2003年まで、〝三冠王〟を日本テレビ放送網に明け渡すことになってしまう。その日本テレビ放送網も、やはり視聴率首位を走る間に本社移転プロジェクトが決定し、03年に汐留に移転。しかしそこから低迷期に入り、04年以降は三冠王どころか1部門も首位に立てずにいる。一方でこの2局と対照的なのはテレビ朝日だ。03年に本社を六本木ヒルズに移転すると、それまでは〝万年4位〟と揶揄されていた視聴率が上昇気流に乗り、05年にはプライムタイムの視聴率が開局以来初めて、2位を獲得している。

これをどう考えればいいのだろうか？　見方はさまざまだろうが、私には本社が位置する場所が番組の質に影響を与えているとしか思えない。というのもTV局間の競争というのは、他の業種のそれとは決定的に様相を異にするからだ。例えばメーカーなら工場設備の優劣が商品の競争力を左右するだろう。小売業なら店舗の広さや利便性などの条件で有利にも不利にもなる。しかしTVの場合、全局の番組が同じ画面上に流れるのである。撮影機材の質も変わるまい。出演者にしても、俳優であれ芸人であれ、よく見る顔は共通しているのだ。とすれば、番組に差を生じさせる要素はただひとつしかない。それは人だ。人の企画力だ。このTV局の本質ともいえる企画力が、本社の場所によって左右されているのではないか？　その結果が視聴率推移のグラフなのではないか？

企画とは、すなわち情報の組み合わせだ。だから企画に携わる会社は、情報が流れる場所のできるだけ近くにオフィスを置く必要がある。かつての四大文明はいずれも大河の流域で生まれたが、これからは情報の流れの近くに位置したものが発展することになるだろう。これは自明のことだ。しかし案外と自明のことほど軽視されてしまうものでもある。六本木ヒルズが〝情報の要衝《ようしょう》〟ともいえる存在であるのに対して、汐留も台場も、正直にいえば情報の水脈からは遠い位置にあった。それでも未開発エリアのほうが広い面積のオフィスが確保でき、企業の成長には有利だという判断が働いたのだと思う。

世界中の情報がネットを介して瞬時に得られる現代においては、現実の距離はさして意味を持たない——確かにそんな発想も可能だろう。しかし企画とはあくまで、顧客の皮膚感覚に共感するところから生まれるものなのだ。実際の顧客の姿が見えない場所にオフィスを構えれば、〝頭〟の中で行われる思考のレベルは保てても、〝皮膚〟の感覚の敏感さは損なわれる。結果としてそのオフィスから発信される企画とは、つまりモニターが並ぶ会議室でひねり出されたものへと堕してしまうことになりかねない。

もちろんオフィスと情報との関係性でいえば、重要なのは立地だけではない。ここからはTV局の話題を離れての一般論だが、オフィスを考えるうえで大切なのは、社員を情報の牢獄に閉じ込めない、ということだ。例えば「この情報は重要事項だから、あるランク以上のスタッフにしか流さないようにしよう」という恣意的な判断が横行すると、オフィス内に情報の階層ができてしまう。あるいは「他の部署より功績を上げるために、この情報は今は発表せずにおこう」などというセクショナリズムがはびこれば、情報は流動性を失う。こうして上下左右を見えない壁に取り囲まれ、情報の牢獄に閉じ込められた社員が生まれることになる。プラトンは、人間とはいわば洞窟の入口に背を向ける格好で縛られた存在であり、真実が洞窟の外を通り過ぎていくのにそれを直接には見ることができず、ただその影が奥の壁に頼りなく映るのを見ているだけなのだと説いたが、現代のオフィスにおいても、まさに流れていく情報と反対向きに縛りつけられているスタッフが確実に存在している。そして彼らをそんな環境に置いておきながら、〝生きた企画を出せ〟などという矛盾を、気づかないままに強いている会社も少なくはないのだ。

本来、情報というものは、オープンリソースであることが必要なのだ。壁として作用する要素を取り払い、スタッフの誰でもが情報を取り出せる仕掛け。それこそがオフィスには欠かせない。スタッフは情報に触れることでインスパイアされ、そのクリエイティヴィティは上がるものだし、オフィスというものの唯一無二の存在理由は、そこにいるスタッフのクリエイティヴィティを上げる空間であることだ。そのための仕掛けを持たなくては、オフィスは社員を縛る情報の牢獄になってしまう。

私は本書で、顧客の像やコミュニケーションのあり方、そして新しいＴＳＵＴＡＹＡが生まれる代官山という土地について語ってきた。そうしたところに唐突にオフィス論が始まって、戸惑われた読者もいるかもしれない。しかし私にとってこのオフィス論は、脈絡のない思いつきなどではない。ここで論じてきた〝社員〟や〝スタッフ〟というものを、〝顧客〟に置き換えてみたらどうなるだろう？――そのようにして顧客価値を考えるための、ひとつのステップなのだ。そう、顧客をインスパイアし、そのクリエイティヴィティを上げるものを、代官山プロジェクトは持つ必要があるのだ。それは例えば……。

第17章
“森の中の図書館”を流れる時間

ＴＳＵＴＡＹＡの代官山プロジェクトにおける中心的な顧客層を、私はプレミアエイジと規定している。そんな人々をインスパイアし、そのクリエイティヴィティを高める仕掛けとは？――この設問に対して私が出した回答のひとつが、〝図書館〟である。

図書館とは、本来的には書物を集めた施設である。この書物というものは、現在でこそ大量に生産され、手軽にやり取りされるものとなったが、グーテンベルクの印刷発明以前は事情はまったく違った。なにせ基本的には手写本であり、流通する数の極めて少ない一種の工芸品であったのだ。だから書物を保有するということは、特権的なことであったわけだ。ヨーロッパの由緒ある図書館はそのほとんどが、貴族や王室の邸宅や教会などの、富と権力を象徴する場所に付随する施設として造られているが、それもこうした事情を映し出したものだ。図書館を造り、そこに多くの書籍を収めるという行為は、それだけで周囲からの尊敬を集めるものだったに違いない。

そうした、図書館が本来有していた〝特権性〟ともいえるものを色濃く漂わせた施設を、今回のプロジェクトでは代官山の豊かな緑の中に造りたいと、私は考えている。といっても、それは決して〝お金持ちのための文化クラブ〟のようなものではない。ここでいう特権性とは資産や所得から生み出されるものではなく、知性や理性に基盤を置くものだ。プレミアエイジとは、いわば〝知の上位者〟たらんとしている人々なのだから。

プレミアエイジの人々にとって、自覚しているか否かは別にして、知や芸術の世界を愛するディレッタンティズムはその生活に欠かせない精神的な要素だ。彼らは新しい文化を切り拓いてきた層なのだ。ディレッタンティズムが彼らを彼らたらしめている、ある種のダンディズムに直結することを、彼らは直感的に理解している。だからこそ、彼らにとって本を持つことは大切なのである。彼らのうちの少なからぬ人々が、家を建てたりマンションを購入したりするとき、〝書斎〟を持とうとするのもこのためだ。書斎は彼らにとっては、自分自身に還るための空間だ。書棚に並べられた本のタイトルを眺めることで、彼らは自分自身が何者であるのかを確認しているのだ。

代官山プロジェクトにおいて、その中核的な存在となる〝森の中の図書館〟とは、彼らの書斎の延長であり、拡大なのだと考えてもらえばいいと思う。ここで重要なのは、現代では〝所有〟という概念は確実に変化しているということだ。池澤夏樹氏が芥川賞受賞作の『スティル・ライフ』において、登場人物に「何でも店で売っているからね。自分の手元に置かないで、店という倉庫に預けてあると思えばいい」と語らせたのが１９８７年だったが、このころから人の生活は直接にモノを所有しなくても十分に成り立つようになった。冷蔵庫に何も入っていなくても、24時間オープンしているコンビニに行けば何も困ることはないのだ。いや、冷蔵庫さえ不要なのだといってもいい。

現代の書斎もこれと同じことだ。それが自分自身を確認する場としても機能する以上、個人の住まいから書斎が完全になくなることはないだろうが、365日深夜まで空いているTSUTAYAに自分の求める本が必ずあるという信頼が持てれば、欲しい本のすべてを購入して自宅の書棚に並べる必要もまたなくなるのだ。私は本書の冒頭第1章で、TSUTAYAが創業以来、深夜まで営業している理由を〝所有を代行する場だから〟と説明したが、それがこの代官山プロジェクトにおいても大きな意味を持つことになる。

さらに、グーテンベルク以前の図書館の復興《ルネサンス》という意味では、代官山の〝森の中の図書館〟にはもうひとつ、革新的な試みを導入したいと考えている。それが〝ヴィンテージマガジンのアーカイブ〟だ。例えば『平凡パンチ』（1964年4月創刊～88年10月休刊）の創刊号から休刊までのすべての号がそろっている場所があれば、素敵だとは思わないだろうか？　ほかにも、今では入手することも難しいかつての人気雑誌を、だれもがいつでも読むことができる。そんな場所を〝森の中の図書館〟には設ける予定だ。

そしてここでこそ、〝電子書籍〟の技術が重要になる。電子書籍というタームは近ごろ、まるで流行語のようにあちこちで飛び交っているが、果たしてその具体的な可能性について、どこまで真剣に考えられているものか怪しいものだと私は思う。出版不況が長引く中、新たに出現した販路に飛びつきたい気持ちもわからなくはないが、もとより売れなくなっている本を電子化したらその途端に飛ぶように売れ出した、などという都合のいい話はあるまい。電子書籍は玉手箱ではないのだ。そうではなくて、例えばヴィンテージマガジンのアーカイブのような場面でこそ、この形態は力を発揮するのである。

ここで扱われている雑誌は、販売することはできない。1冊しかないから。貸し出すことも難しい。傷むから。閲覧するための空間をアーカイブに併設しても、同時に2人3人で読むことはできず、アーカイブの魅力は減じる。だから電子化なのだ。『平凡パンチ』の全号全ページをスキャニングしてデータベースに収め、それに分類キーをつける。こうしておけば、顧客が見たい年・月・週の、人物や話題での検索が可能になる。それを「ガラパゴス」などのタブレットPCを介して取り出せるようになれば、そこに電子化の意味が生まれることになるではないか。今はそんな夢を追いかけているところだ。

〝森の中の図書館〟に盛り込まれる機能は、もちろんこれだけではない。私家版や自費出版のような書籍や、同人誌やZINE*などといった、入手の難しい小部数の良質な出版物もここでは販売される。世界の雑誌が閲覧できるスペースも設ける予定だ。そうしたさまざまな仕掛けを施して初めて、ここがプレミアエイジの書斎の延長であり、拡大であると宣言することができる。プレミアエイジをインスパイアする場を創り出す——そのテーマのハードルは高い。同時に、だから楽しいともいえる。

＊ZINE
小部数の雑誌的な出版物。
アーティストの作品のひとつとして刊行されることも多い

第18章

「観られない映画はない」へのロードマップ

ここで、ＴＳＵＴＡＹＡという名の由来について、少し触れておきたいと思う。

多くの人がこの名を、東洲斎写楽や喜多川歌麿、山東京伝などを世に送り出した江戸時代の名出版プロデューサー・蔦屋重三郎から採ったのだと思われているようだ。もちろん、それもある。しかし実をいえば私が１９８３年３月に「蔦屋書店」１号店をオープンしたとき、店名としてこの名を発想した原点はもうひとつ、別のところにもある。

当時、ビデオを扱う店というのはアダルト系のイメージが強く、女性客には敬遠されがちな存在だった。それで私は店名に「書店」とつけることにしたのだ。当時から私には、紀伊国屋書店や旭屋書店などへの憧れが強くあって、何かその店に出入りするだけで少し賢くなったような気さえしていた。そうした書店にあやかる気持ちもこの店名には込められていたわけだ。ちなみに「蔦屋」というのは私の祖父の店の屋号だ。祖父は土建業なども営んでいた人物だったが、同時に経営していた芸者の置屋が「蔦屋」という名で、その老舗っぽい響きが気に入って「蔦屋書店」という店名を創案したのだ。

しかし今にして思えば、女性客を取り込むためにこの名を考えたことも、私なりのひとつのリコメンデーションだった。リコメンドの本質とは、相手の理解の領域の外にある企画を、その人の領域の中にある言葉に置き換えることだと私は考えている。書籍・ビデオ・レコードを扱う店に「書店」とつけることで、私はその考えを実践してみたのだ。

当時から私は、書籍と映画と音楽のソフトを三位一体で扱う〝マルチ・パッケージ・ストア〟という業態にこだわりを持っていた。しかし、「ビデオもレコードもメディアなのだから、本質的には本と一緒でしょう」と私が言っても、なかなか理解されなかった。そこで実際にそういう店舗を造り、「書店」の名を冠したのだ。「蔦屋書店」とは、こうした私なりの翻訳作業、すなわちリコメンド作業の第一歩だったといっていいと思う。

そう、TSUTAYAは創業以来、音楽ソフトも映画ソフトも本と同じ、というポリシーを貫いてきた。むろん代官山プロジェクトにあっても、そのスタイルは変わらない。だから〝森の中の図書館〟には当然、CDやDVDも収められる。それも生半可な品ぞろえではいけない。プレミアエイジにとってそこは書棚の延長であり、拡大であると私は前章で述べた。とすれば、どこまでそろえれば、それが〝拡大〟の名に値するのか？

こうした問いかけに対する答えは、シンプルでなければならないと私は常に考えている。シンプルでなければ力を持ち得ない。あらかじめ留保や限定をつけた回答は、つまり言い訳に過ぎないからだ。だからシンプルに答えよう。必要とされる品ぞろえ、それは——すべてだ。音楽も映画も、ここにはすべてそろえられている必要があるのだ。代官山のTSUTAYAに行けば聴けない音楽はない、観られない映画はない。そう認知されなければ、このプロジェクトは成功しない。

そんなことは不可能だ、とあきらめてしまうのはたやすい。しかしそれを〝不可能〟というのは、つまりは流通側の都合に過ぎない。顧客価値の視点からすれば、聴けない音楽がなく、観られない映画がないことこそ、価値として最大になっている状態なのだ。とすれば、その状態の実現を目指す必要がある。絶対にある。

そのための方策として代官山で導入しようとしているのが、映画ソフトにおける〝バーニング〟のサービスだ。これはアメリカではすでに実用化が始まっているものだが、簡単にいえばＤＶＤ化されていない映画を、注文に応じてＤＶＤに焼いて販売するサービスをいう。例えばあるハリウッドのメジャースタジオでは、これまでに製作した映画は1万タイトルあるのに、ＤＶＤ化されて流通しているのは１０００タイトルしかない。あとの９０００タイトルは倉庫に眠っているわけだ。そのソフトをデジタル化してデータベースに保管しておき、来店客からオーダーを受けたその場でＤＶＤ化して販売する。1作品をＤＶＤに焼きつけるのにかかる時間は15分程度だ。来店客はその間、ブック＆カフェで気に入った本でも読んでいてくれればいい。店舗側としても、これなら天文学的な量の在庫を持たずとも、観られない映画はないという状態を創り出すことができる。世界中の映画をデータベースに突っ込んでいけばいいのだ。タブレットＰＣが広まれば、まさに個人がその場で世界中のすべての映画とコンタクトできることになる。

そしてここで大切になるのが、検索機能であり、リコメンド機能なのだ。〝観られない映画がない店〟と〝観たい映画がすぐ見つかる店〟とは、本来は相反する存在だろう。ストックが大きくなればなるほど、その中からひとつを探し出すのは難しくなる。しかし顧客からすれば、そのふたつの特徴を同時に兼ね備えた店をこそ望んでいる。それをどう両立させるかが、これからの課題になるはずだ。代官山のＴＳＵＴＡＹＡにあるのは、〝１５０の音楽ジャンルと50の映画史〟だと私が言うのは、その課題の解決策のひとつでもある。音楽であれば、「ロック」や「ポップス」、「ジャズ」や「クラシック」といった従来のようなジャンル分けでは、膨大なストックの前で来店客は立ちすくんでしまう。より分類を丁寧に行う必要が出てくるのだ。逆にいえば〝１５０の音楽ジャンルと50の映画史〟というテーマは、つまりこの代官山の地に〝聴けない音楽はなく、観られない映画はない〟品ぞろえを持った店を造るぞ、という私なりの決意を込めた言葉でもあるのだ。

世界中の音楽と映像もストックされた、知のアーカイブである〝森の中の図書館〟。これならばプレミアエイジをインスパイアする仕掛けとしても、十分に機能するのではないか……。前章で私がオフィス論に寄り道した理由が、これでおわかりいただけるだろうか？　そう、理想のオフィス環境とはすなわち、理想の店舗環境でもあるのだ。そして私は代官山プロジェクトにおいて、それを証明するつもりでいる。

第19章

400坪のカフェで起こるドラマ

かつて原宿に、「レオン」という喫茶店があった。場所は表参道と明治通りの交差点。そこには1958年に建てられた、地上7階、地下1階の「セントラルアパート」という建物があり、そこにはデザイナーやエディター、カメラマンやコピーライターなどといったクリエイターが多く事務所を構え、いわば文化の発信基地となっていた。「レオン」はそんな伝説のアパートである「セントラルアパート」の1階にあった喫茶店で、当然多くのクリエイターが出入りし、一種独特の磁場を形成していた。現在ではちょっと出会うことのない、魅力的な空間であったと思う。

私が代官山にプロジェクトのための用地を確保したとき、最初に思い描いたのは、この「レオン」のような場を復権させることだった。プレミアエイジの人々に、この場に集まってほしいというのも、このためである。「レオン」の魅力とはすなわち、そこに魅力的な人々が集っていたということだったと思うからだ。そうした人々と同じ空間でコーヒーが飲める――まだ若かった私には、それだけで無上の喜びだった。ネットの進展とともに、魅力的な人とリアルに接することができる場を失いつつある現代の若者にも、かつての私が感じたのと同じ高揚感や幸福感を与えられたら素晴らしいのではないか。そう夢想したことが、実は代官山プロジェクトの原点だったのである。いわば私は、この4000坪の土地をいっぱいに使って、魅力的なカフェを創ってみたいのだ。

カフェの本質をひと言でいえば、それは〝ライブ〟であるということだ。人はそこに、単にコーヒーを飲みに訪れるのではない。そこに流れる時間を味わいに来るのだ。つまりそこでやり取りされる商品とは、時間なのだ。そして当然だが、時間とは常に表情を変えていく。タイムマシンにでも乗らない限り、まったく同じ時間に出会うことはない。だから魅力的なカフェは、常に新鮮な空間なのだ。常に違った商品が提供されるのだから、毎日訪れても飽きることがない。それがライブだということの意味だ。

代官山プロジェクトにおいては、〝森の中の図書館〟であるＴＳＵＴＡＹＡの店舗も、さまざまなライフスタイルのマルシェともいえる専門店群も、そして木立の中に造られる広場も案内所も、さらにいえば駐車場スペースも、そのすべてが４０００坪の広大なカフェを形作る要素なのだ。もちろん、カフェそのものも敷地の中には存在する。しかし毎日、魅力的な人々が集まり、その人々のまなざしが交錯する中で静かなドラマが日々新たに生まれるという意味で、そこは全体がひとつのカフェなのだ。

だから逆にいえば、そこは常に変化する場所でなければならない。第15章で私は、来店者数のフラット化を図る必要があり、そのためにイベントを行ったり、品ぞろえを工夫したりと、店舗にフレキシビリティを持たせる必要があると書いたが、それは同時にライブの魅力に満ちたカフェ空間を創出するためにも必要なことであるに違いない。

そしてカフェという場を考えるとき、フラット化しなければならないのは、単に来店客の数だけではない。そこを訪れる人々の年齢も、極端な偏差が生まれないように配慮しなければならないだろう。私は確かに、代官山プロジェクトの顧客層の中心をプレミアエイジに置いてはいるが、別に〝プレミアエイジだけの楽園〟を創りたいわけではない。という以前に、同じ世代の人間しかいない場所に、プレミアエイジの人々が集まってくるわけもないだろう。プレミアエイジの人々がいる。それに憧れを持って、同じ空間に身を置きたいと考える若者が集まる。そうして認められることで、プレミアエイジの人々がさらにその空間に足を運ぶようになる。ふと時間が空くと、愛車で旧山手通りを走り抜けて代官山を訪れたい、そんなふうに考えるようになる……そうした連鎖が、カフェには必要だ。それがあるからドラマが生まれるのだ。

カフェの魅力はライブだ。言い換えれば、同時性だ。そしてこれこそが現代の社会で徐々に失われつつあるものでもある。ネットを介して情報や商品がやり取りされる中においては、時間はさして問題にならない。ツイッターをやり取りする人が一時、「なう」という言葉を多用したのは、逆説的にネット社会では同時性が失われていることを証明しているのではないかとも思う。今でしか触れられないものが少なくなったからこそ、人は「なう」と書いたのだ。これはほかでもない、〝今〟の生の情報なのですよ、と。

だから4000坪のカフェを創ろうという代官山プロジェクトでは、ライブ感が重視されるのだ。それが森の中にあるのは、森には手触りがあり、香りがあるからだ。それはネットを介して伝えることはできない種類のものだ。もちろん、ネットを全否定するつもりは毛頭ない。〝森の中の図書館〟にデジタル技術が不可欠であることは、すでに書いたとおりだ。電子書籍の技術があってこそ、デジタル社会以前のライブ感に満ちた雑誌のアーカイブにコンタクトできる。バーニングの技術がなければ、パッケージソフト化されなかった古い映画を楽しむことは不可能だろう。そう、確かに代官山の森はライブな場所だ。それは五感で楽しみ、味わうことができる。そしてそんな森の住人に、さらに居心地良さを体感してもらうために、デジタル技術を取り入れる必要があるのだ。それが本当の意味での、ライブとデジタルの融合なのだと思う。

2011年の夏には、代官山に4000坪のカフェが生まれる。そこでは毎日、何かのイベントが行われ、誰かと誰かが出会うだろう。森を抜ける散歩道を通って、さまざまな人がこのカフェを訪れるだろう。そこが若い日の私が「レオン」で感じたような、新鮮な高揚感で満たされていればいいと思う。いや、そのためには私たち自身が日々、努力をし続けなければならない。そしてそれが実現したとき、私は若い日から自らの中に抱き続けた〝宿題〟を、やり遂げた気持ちになれるのではないかと思う。

第20章

出発点と到達点をつなぐもの

1983年、大阪府の枚方市駅南口に「蔦屋書店」1号店をオープンさせた。面積は32坪。その中でビデオのために割けたのは、なんとわずか2坪だった。その2坪でビデオのレンタルを始めた。最初に棚に並んだビデオの本数は700本。いずれもアメリカで普通に市販されているビデオで、1本1万円で購入したものだった。もちろん字幕などは入っていない。なぜ、ビデオをそんな方法で仕入れたかというと、その時点では日本にビデオメーカーがなかったからだ。それは当然だろう、レンタル店自体ないわけだから、つまり流通経路がなかったのだ。流通経路がない商品が生産されるわけもない。だから私はそんなビデオを1本1500円で貸していた。入会金は5000円。これで果たして客が来たとお思いになるだろうか？

——来た。1日に40人も50人も入会者があった。字幕もないビデオを観るために、である。この体験が私に、〝所有を代行する〟という発想が間違っていなかったことを確信させてくれた。そう、この蔦屋書店はまさしく、お客さんにとっては書棚の延長であった。棚に並んだビデオは1本1万円で700本。つまり700万円の価値だ。それが5000円払えば自由に使えるのだ。顧客はそこに魅力を感じてくれたのだった。初期費用の700万円は、すぐに入会金の収入だけで元が取れた。1本レンタルするごとに発生するレンタル料は、すべて利益となった。

1986年に、大阪府の江坂に「蔦屋書店江坂店」をオープンさせた。コンクリート打ちっ放しの、吹き抜けになったロフト空間に、サブカル系のムックや書籍、洋書などを並べた。あらゆるジャンルを網羅する、大量の音楽ソフトと映像ソフトをレンタルした。2階にはカフェバーを造った。もちろんそのカフェバーも含めて、深夜までの営業とした。さらに、この店舗には1985年に設立したカルチュア・コンビニエンス・クラブの本社オフィスを併設した。なぜ店舗とオフィスを一体化させたか、おわかりだろうか?

それはまさに、カルチュア・コンビニエンス・クラブとは企画会社であるという自覚からだった。企画とは顧客が見える場所で立てられなければならない。顧客から離れた会議室で創られた企画は、意味がない。であれば、企画会社のスタッフは顧客がいるところで日々の業務を行うべきだと私は考えたのだ。しかも店舗には世界中の本があり、あらゆるジャンルの音楽や映像がある。企画を立てるために必要な情報がすべてストックされた、通常のオフィスには入りきらないような巨大なストレージがそこにあるのだ。オフィスを造るのにこんな理想的な環境は、ほかにはあり得ないと思った。しかもカフェバーは、スタッフにとっては気分転換やリラックスのための場所にもなり得る。もちろん、そこで顧客の観察もでき、そこから生きた企画のヒントも得られる。私はこの店舗+カフェ+オフィスの複合体を〝ブレイン・コア〟と名づけた。

このふたつのエピソードをここで紹介した意図は、本書をここまでお読みくださった読者にはすぐおわかりになるだろうと思う。そう、いずれも2011年にオープンするTSUTAYAの代官山プロジェクトの根幹を成すコンセプトを、あらかじめ具現化していたものだ。すでに創業時点で、こうしたコンセプトは私の中に存在していた。それをここで読者の皆さんに伝えておきたかったのだ。

文学の世界では、〝小説家は処女作に向かって成熟する〟というテーゼがあるのだそうだ。小説家というものはデビューしてしまえば、2作目以降は出版社からの注文に応じて執筆するわけで、まず刊行されることが約束されている。しかし1作目は誰から注文されたわけでもなく、ただデビューを目指してただひとりで書き綴られるものだ。つまり作者は自分が持っているすべてを、出し惜しみすることなく注ぎ込もうとするのである。だから処女作にはその作家が持つテーマのすべてが顔を出している。そこから逆に、それらのテーマをさらに具現化するために書き続けることになるのだ。

これとほぼ同じことがTSUTAYAの歩みにもあてはまる気がする。スタイルは時代とともに変わってきた。しかし追求するテーマは変わらない。変えたことがない。そして、この〝変えない〟ということには、実は〝変える〟こと以上に、大きな努力が必要とされるのだ。創業以来の仕事の積み重ねの中で、私はそれを痛感した。

自分たちの立てた企画は、そうそううまく運ぶものばかりではない。そして達成を阻む壁にぶち当たったときは、誰もが弱気になる。しかしこのとき、謙虚に反省することは必要だとしても、自分たちの拠って立つポリシーまで曲げてしまっては意味がない。私たちにとってのそれは、常に〝顧客価値を第一に考える〟ということだった。結局のところ、それを守り続けようとする熱意こそが、出発点と到達点とを結びつけるのであろうと思う。代官山プロジェクトは、そうして完成しようとしている。

実は代官山プロジェクトの用地は取得以来、基本的には遊休地だった。建設工事が始まるまでの間、その土地を有効に活用できないだろうかと考えていたときに、「それなら向日葵《ひまわり》畑に利用したい」と、地元の方々からお話をいただいた。代官山では以前から、地域の人々の手によって向日葵が育てられていたのだ。そうしてできた向日葵畑とは、我々からすれば、この代官山という素晴らしい土地のテロワールを創ってきた、地域の人々の努力に対するリスペクトを表現する手段のひとつでもあった。そして記録破りの猛暑に見舞われた昨夏も、向日葵は大輪の花をいっぱいに咲かせた。

今年の夏には、向日葵の咲いていた同じ場所に、ＴＳＵＴＡＹＡの代官山プロジェクトが姿を現している。それが向日葵のような、健やかな文化の花として訪れた人々の目に映ればいいと思う。そのために私は約30年の間、情熱を燃やし続けてきたのだから。

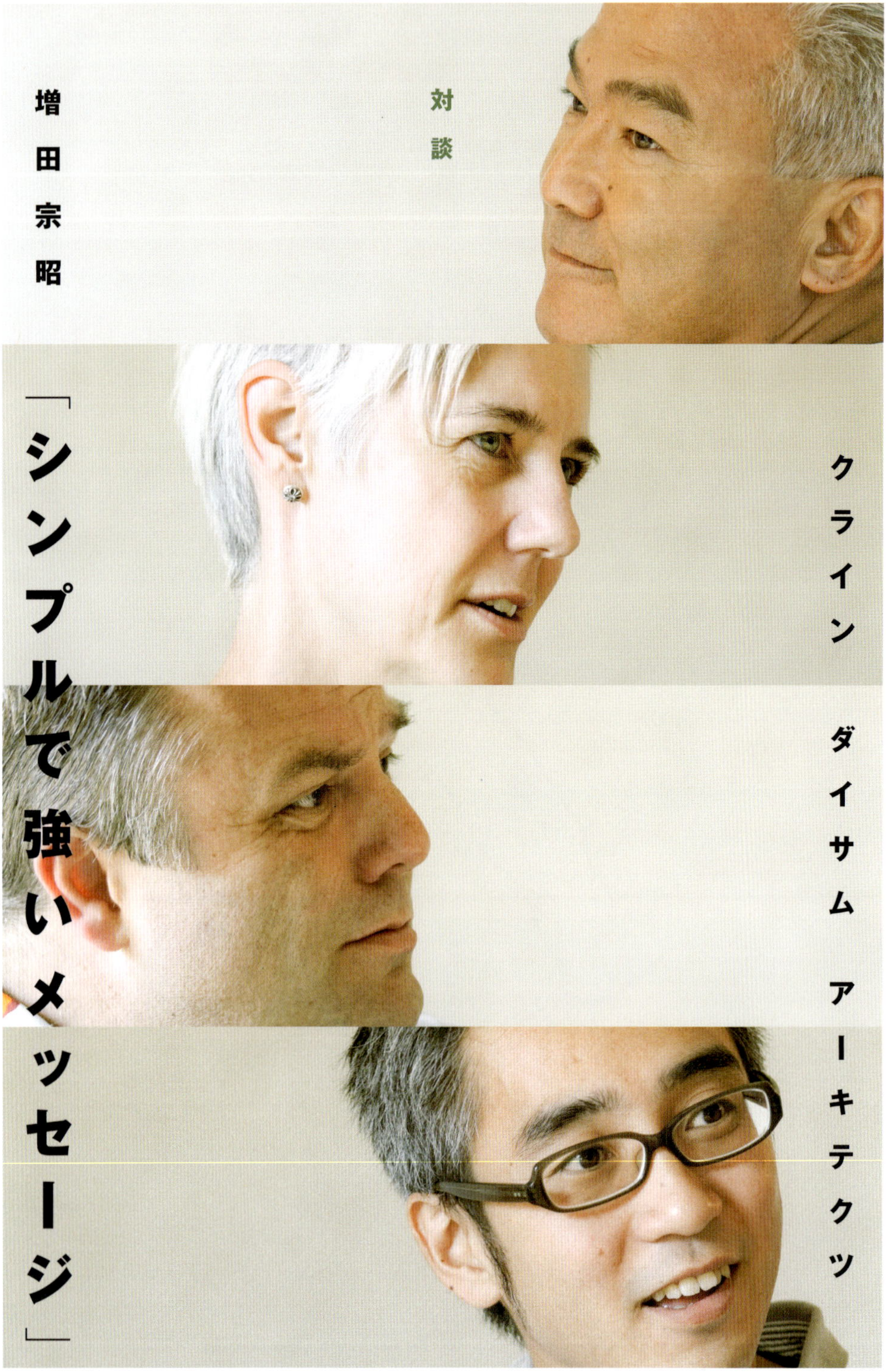

対談

「シンプルで強いメッセージ」

増田宗昭

クライン ダイサム アーキテクツ

――巨大な「T」が浮かび上がる構造物の連続体。約80社が参加した代官山プロジェクトの建築コンペで選ばれたのは、「クライン ダイサム アーキテクツ」が打ち出した、シンプルで力強いメッセージだった。その創案者であるアストリッド・クライン、マーク・ダイサム、久山幸成の3氏と増田が、〝コミュニケーションと建築の連環〟をテーマに語り合った。

増田　建物とは何ぞや？ってことを考えると、それはやっぱり時代の中から生まれるものだと僕は思っているんです。馬車の時代なら、建物も馬車のサイズに合わせなければいけないし、モータリゼーションの時代になったら、それに適合したスペックになるでしょう。例えばロンドン。あれは、馬車の時代に原型ができた街でしょう。見て、それがわかるよね。

ダイサム　そうそうそう。

増田　それで車はミニクーパーが生まれた、と。時代の流れに都市とか建物とかは乗っかっているし、そういうことを考えないままで建物なんて絶対にできっこない。で、今の時代って、やっぱりデジタル化がいちばん顕著な特徴でしょう。だからデジタルってことを考えた建物でなきゃいけないし、今回のプロジェクトでは僕ら、コミュニケーションをコンセプトにしているから、コミュニケーションと建築ってどうなん？みたいなこととか、僕らが中国の人を意識しているから、ワールドワイドに通用する僕らのアイデンティティってどんなん？といったこととかを、テーマとして持ってはいたんだよね。コンペで、クラインさんたちの提案を一番と決めた理由っていうのは、ワールドワイドにコミュニケートできる建築、という観点だったんだけれど、それを言ってしまうと、いきなり結論になってしまう（笑）。だからまずクラインさんたちに、今回のコンペにおいて、どんなことに興味を持ってもらったのかをうかがいたいと思うんだけど。

クライン　ＴＳＵＴＡＹＡっていえば、誰でもわかるでしょう。すごくシンプルな強さがある。ポイントカードの便利さだって、お客さんみんなが認めているんですよね。私なんかどうしても知識《ノウレッジ》から入っちゃうほうだから、そういうＴＳＵＴＡＹＡシップみたいなものを、すごく尊敬するんですよ。ずーっと毎日進行している感覚ね。だから自分の今までのやり方では通じないだろうなって。そういう柔軟性っていうのを創り出していく方向にどんどん持っていかないと、すぐアウトになっちゃう。そんな、どうなるのか自分もわからないっていう、そういう新しいところにチャレンジしたいと思ったんですね。リスクはいっぱい出てくるだろうけど、でもそれだけに、今までなかったものができる。本当にやりがいのある山登りみたいな、大変だけれど、てっぺんについたら、よかったねって心の底から思える、そういう仕事に興味があるんですね。

増田　興味を持ってもらったのは、ＴＳＵＴＡＹＡとかＴカードの裏側にある、それらを生み出したアントレプレナーシップ（企業家精神）みたいなものってことだし、とするとアートを創るパートナーとして、一緒にやったら面白いって、そこまで言っているってこと？

クライン　いや、一緒にアートを創るとは思っていなかった。サービスとかブランディングとか、そういうＴＳＵＴＡＹＡのエッセンスを建築という形にして、それをパッケージ的に中国に

持っていきたいって聞いたから、そういうフルパッケージみたいなところが面白そうだなって。

久山　ＴＳＵＴＡＹＡというブランドの中に、お店という要素があり、サービスという要素もあり、それに建築もちゃんとひっくるめて、ひとつのパッケージ、企画にしようっていうことを、最初に言ってもらってたから、これは面白いって思ったんですよね。

増田　建築をブランドのアイコンにしようっていうのは、小売業では少ないよね。ロゴはあるけどね、マクドナルドのＭとかさ。

久山　でもマクドナルドの建築って何？っていっても、誰もイメージできない。

増田　昔はあったんだけどね、特徴的な屋根。あの屋根がアイデンティティを表していたけど、いつかなくなっちゃったし。今ないもんね、あれ。

ダイサム　ない。だからそういうグラフィックを建築で表現しようと思った。私たちの案の建物だと、誰でもが「Ｔ」と読めるんです。建築家たちとかだけじゃなくて、何歳の人でもわかる。

増田　建築って、その意味では人間でいえば顔みたいなもんだよね。最初に認識するものじゃない、建物っていうのは。中に入る前にわかるわけだからさ。だから、建築ってコミュニケーションそのものなんだよね、もちろんアート的な色彩はあるけれど、一方でコミュニケーション。

クライン　そうそう、インターフェースなんです。

増田　僕は既存のＴＳＵＴＡＹＡの建築を代官山にも造ることが納得できなかったのよ。それは建物だから。儲かる建物だったから。そうじゃなくて、ここでは自分たちのアイデンティティを

クライン ダイサム アーキテクツ

共に伊東豊雄建築設計事務所に勤めたアストリッド・クラインとマーク・ダイサムによって1991年に設立された建築設計事務所。同社の久山幸成氏とクライン、ダイサム両氏が核となり、代官山プロジェクトの基本設計を担う。代表作に「リゾナーレ小淵沢　リーフ・チャペル、ブリラーレ」「Undercover Lab」など。

もっと強烈に打ち出したいと僕は思っていたわけ。そこをクラインさんは捉えたんだよね。

クライン　はい、だからそのロゴが建物のほうに拡大していくっていう感覚を表現したかったんです。TSUTAYAの世界では、そのエッセンスの全部がロゴに入っているんですけれども、でもそのロゴを建物にわざわざ取り付けなくても、なんかこうエッセンスがわかってくる、そんな建物を通じてコミュニケーションする感覚を目指したんです。

ダイサム　TSUTAYAはすごい強いブランドだから。私、TSUTAYAのロゴって、一日で20回も30回も見るしね、それこそいろんな場所で。

増田　「TSUTAYAの建築っていいね、いいね」って多くの人が言ってくれる。その中で僕はストレスがあったんだよね、建築に求めるのは、商売的に儲かったらいいってことだけじゃなかったから。もっといえば、自分を探していたのかな。僕らが作るTSUTAYAっていうのはこういう形ってやつ、なんかそういう形が欲しかったんだよね。

クライン　形っていうことでいうと、TSUTAYAってシンプルではっきりしているでしょう。だから建物もそれを反映して、シンプルで、きちんとはっきり。でもなんかテイストがあって、しかも無駄がない、みたいな、そんなイメージがあったんですね。

増田　僕がイメージしていたのはね、グッゲンハイム美術館ってあるじゃない、ニューヨークの。ああいう、なんていうかな、これがそうなんだっていうふうに書いた看板なんかはどこにも付いていないけど、それでも見た瞬間にわかる。そういうものだったんだよね。しかも味わいがあるじゃない、あの建物って。そういう味わいのあるもの。

クライン うん、でもよく考えると、グッゲンハイムは、すごいシンプルな形なんです。ただの丸なんですよね、円形。それが印象に残るんですよ。だから、ビルバオ(スペイン)にあるグッゲンハイム、わかりますか？　ぐじゃぐじゃの。あの建物も心には残るんですけれども、空間の良さって、後から思い出そうとしても覚えていないんですよね。なんか、逆に明瞭ではない。

増田 僕はね、シンプルに好きっていう感覚がすごく大事だと思っている。ニューヨークのグッゲンハイムのほうはすごい好きなの。で、ビルバオのほうのごじゃごじゃは格好いいし先進的だけど、好きか嫌いかって言われたら、別にアイデンティティは僕には感じられないし。

クライン そう、アイデンティティはあるとしても、もう一回そこに行きたいって、もしかして思わないかもしれない。空間がコンフォタブルかどうかとは、もう別の話になっちゃっている。

増田 僕にしてみれば、そういうコンフォタブルさとか、シンプルな力とか、好きという感覚とかを探していたと思うんだ、深層心理で。

クライン 私たちが考えたのもやっぱり解りやすい建築です。あんまり深く考えなくていい、四角い空間とか。だいたい人間って、ある空間に入るともう考えないんですよ。右左、前後ろって、もう自然にナビゲーションが入ってくるんです、脳みそに。だからこそ製品のほうに注目できるんですよ。楽しいところにフォーカスできるんですよ。

ダイサム インターフェースって言ったけど、やっぱり最初の入口で、訪れた人の興味をテイクアウトしないと、もうノーサンキューっていうことになりますから。今回のコンペでいえば、私たちのデザインだけれども、建築的なものではなくて、TSUTAYAのもの、中国に行ってもTSUTAYAであるってわかるようなものにしよう、それがインターフェースだろうと思った。

増田　そうだよね、だから佐藤可士和君が作ってくれたTのロゴ、あれができた時に、うちの会社も一つ変わったと思うな。ロゴができて六本木ヒルズの店ができて、人の見る目も変わったし、社員も変わった。その世界観ていうのが可視化されるからね。今日もこの後、TSUTAYAのフランチャイズをしてくださっている26社の方に、TSUTAYAの20年の歴史を振り返るプレゼンテーションがあるんですよ。それで改めて見直してみると、やっぱり20年前のTSUTAYAって、今とは違う。置いてあるのはVHSだったし、書籍売り場はそんなに広くなかったし、やっぱりレンタル中心のお店だったしね。今造っている店と全然違うでしょ。六本木ヒルズの店は昔からのお店とは違うし、代官山の店になるともっと違うよね。僕が今夜プレゼンテーションするのは、今までの20年を振り返ったときに見えるTSUTAYAと、これから20年のTSUTAYA、どう変わるのかってこと。僕は20年前からかなり過激なことを言っていたのね、こうなるって。その「こうなるぞ」って言っていたことがわりとそのとおりに実現していて、でもそのせいで、関係者にはそれが当たり前になっちゃってる。その当たり前になっていることを、これからの20年でガーっと変えようと思っているわけよ。

クライン　たぶんその20年が、やってみると10年に絞れちゃう気がします。急速に早まってきて

いますから。これまでの20年は、まだそんなにインターネットが普及してはいませんでした。でもネットによって急速に世界が狭くなった。人が情報に簡単にアクセスでき、情報を変える力も格段に大きくなりましたね。

増田　情報って、まずリアルありきじゃない。昔、村で生活していて、そうすると村のことしか知らない。鉄道ができて、「へえ、雪が降っているところ、あるんだ」みたいにして、雪を知らない人が雪を見る。それから飛行機乗って、富士山見たら、うわぁ富士山って高いんだ、って……

クライン　私、今も思っているんですけど(笑)。

増田　リアルな生活をしている人も、これまでは自分が暮らす村の中で、平和とか戦争とかを考えていたけど、それがユーチューブを見ていると、世界って今こうなんだってわかっちゃって、頭の中で構想できるじゃない。そうするとその人にとっての世界って、村から地球になっちゃう、いきなり。地球人としてエコに協力しなきゃとか、物の基準がまるで変わっちゃうんだよね。

クライン　建築もそうなんですね。コンピューターのせいで何でも建築できちゃう。でも、今は「何でもできるから、何でもいい」っていう、そういう時代は終わりかけていて、やっぱりもう一回ちゃんと整理をして、今の時代における建築って何なのって改めて問いかける時代になっていると思う。そこで逆に面白くなってきたのね。こうできるし、お金もあるからこうしようって、それだけの理由でやっていいのか、何の表現になるのか?って問いかけることで。

増田　ここでライブハウスしようって、今日ある人に言われてね。でも僕は「それは違う」って

言ったの。だいいちあれは毎日行くもんじゃない。僕はこの代官山の地に、毎日行きたくなる場所を創りたいんですよ。だから「コンフォタブル」なの、キーワードは。そのコンフォタブルとライブハウスのあのアグレッシブな空気とが合わないんですよ、僕の中では。じゃあ、コンフォタブルを分解するとどうなるか？　どういうエッセンスがあったら、コンフォタブルなのか考えてって、社員には言っているのね。静かさなのかもしれないし、今はまだわからないんだけど。

クライン　あんまり静かすぎると、また不安が生まれるでしょう。だからコンフォタブルって、一つひとつの局面で考えていくしかないと思うんです。この天井高はコンフォタブルなの？　そうじゃないの？　階段の幅は？　明るさは？　壁の色は？　全部それを基準に見直してみる。

増田　もうひとつ言えば、東京でいちばんコンフォタブルな場所でありたい。どこよりも毎日行きたい場所。僕は最近まで、週末の朝は起きるとまずシャワーを浴びて、それで六本木のＴＳＵＴＡＹＡに行っていたんだ、車で。あそこでお茶飲むと、ぶあーっとインスパイアされてた。そういう、何も考えない、行くことが目的、みたいな空間になってほしいなって。それと関連するかもしれないけど、〝建築とコミュニケーション〟の話に戻るとね、２０００年にＴＳＵＴＡＹＡを渋谷の駅前に造ったとき、看板を出さなかったの。どうしてかというと、「ＴＳＵＴＡＹＡ」って出してしまうと、みんなの頭の中のＴＳＵＴＡＹＡが想起されてしまうでしょう。でもみんなが知っちゃっているＴＳＵＴＡＹＡは、ＴＳＵＴＡＹＡじゃないから、僕の頭の中にあるものとは、もう違うから。だから看板は出さないで、「なんかすごい店ができたぜ」ってみんなに思って

ほしかった。伝えないことで伝えようとしたっていうかな。それでみんながその店に入ってって、「ここって何なんだろう?」「あ、TSUTAYA!」ってなればいい。そう思った。

クライン　なるほどね。ブランディングという考え方はもう古いってことですね。

増田　過去のイメージの集積がブランディングでしょう。ところが過去の体験からのイメージでは、渋谷のTSUTAYAは理解できないから。そしてもちろん代官山もね。だから代官山でもTSUTAYAってことはまったく言わない。代官山になんか変な店できたぜって。それをインターフェースの考え方と、どう矛盾なくまとめるかが今回のコンペのテーマだったと思っている。

クライン　まずロゴがあって看板があったら、「あ、TSUTAYAがまたもう一個、ここにできたんだ」みたいに人は思っちゃう。それで、入るか入らないか考えて、また今度にします、みたいな。そうじゃなくて、まず体験してみてもらって、ってことですよね。それがなぜできるかというと、中身が、コンテンツがちゃんとあるから、なんですよね。だから看板があるのかないのかはどうでもよくなる。だから、私たちも看板を付けなくてもいいアイコンとしての建築、コンテンツに視線がいく建築を考えています。

増田　今はものすごく大きな変化の中にいるんですよ。さっきのインターネットの話もそうでしょう。過去のブランドにこだわっちゃダメ、新しい顧客価値を作ることに専念しなきゃいけない。それをできた者が生き残る。それがダーウィンの進化論なんだよ。大きな企業が生き残るわけじゃないし、強い会社が生き残るわけじゃない。変化に対応した会社だけが生き残るんだよね。

おわりに

螺旋の行程

本書では20の断章と3つの対談によって、今夏にオープンするカルチュア・コンビニエンス・クラブの代官山プロジェクトのパースペクティブを描き出そうとしてきた。ここまでお読みくださった読者の皆さんに、まず御礼を申し上げたいと思う。

実は私の話を、「飛躍している」とか「矛盾が多い」とかと感じる人がいるようだ。それが酒席での世間話の範疇であるなら、私も「そんなこと、ないやろ」とツッコミを入れていれば済むのだが、それがこと企画提案に関することとなれば、笑い話で終わらせるわけにはいかない。もちろん私も人間である以上、時とともに考え方が変わってしまっている部分もあり、自分でも気がつかないうちに自己撞着に陥ってしまうケースもあるかもしれない。しかしそれとは別に、私の考え方のある一面だけを見てそういう批判がなされるとしたら、それは私にとって本意ではないし、逆にある人からそういうふうに見られることにこそ、私の考え方の特徴が表れているのかもしれない。だから最後に、私が日ごろ、どのような思考法をとっているのかを、簡単に説明しておきたいと思う。

私は「クライン ダイサム アーキテクツ」のクラインさん、ダイサムさん、久山さんとの対談の中で、ニューヨークのグッゲンハイム美術館を好きな建築の例として挙げた。ここでいきなり飛躍するようだが、実は私の思考法とはまさしく、あのグッゲンハイムの構造と同じなのだ。それはどちらも、螺旋形をとっているという点においてだ。

巨匠、フランク・ロイド・ライトが設計したニューヨークのグッゲンハイム美術館は、訪れたことがある方はもちろんおわかりだろうが、実に特殊な構造をしている。中央は巨大な吹き抜け空間となり、その周囲に螺旋状の通路が巡らされているのだ。作品はその螺旋状の通路の壁に展示されていて、来館者は螺旋の道を歩きながら美術鑑賞をする。「表参道ヒルズとよく似た構造を持った建物」といえば、わかりやすいかもしれない。

私の思考も、実は常に螺旋を描いている。だから例えばそれを真下から見て、「増田は以前に自分が言ったことと、まったく逆の位置にいるではないか」と言い出す人が出る。しかし円のちょうど反対側にいるように見えても、それは一本のつながった思考なのである。真横から見ての「飛躍しているじゃないか」という批判に対する答えも同じだ。私としてはきちんと思考の筋道を辿って、そこに至っている。ただその時々の思いつきを、無責任に言い散らかしているわけではないのだ。

グッゲンハイム美術館（ニューヨーク）内部

ではなぜ、そんな螺旋形の思考をとることを自らに課しているのか？　それはそうして得られた結論のほうが、直線的な考え方から導かれたものよりも、成功する蓋然性《がいぜんせい》が高いからだ。だいたい前提から結論までを一直線で到達できるのは、ごくひと握りの天才だけだろう。ひとつの前提から、さまざまな可能性を考え、検証を繰り返しながら進む。そうした思考を真摯に続ければ、結果としてその道程が直線になどなるはずがない。

そうした意味で私は社員には、企画を立てる際には〝守・破・離〟というプロセスを踏むように、とアドバイスしている。これは剣や能、茶などの修業において基本とされる姿勢を表す言葉で、①守＝形をまねる。基本を学ぶ　②破＝一転して、違う形を試みる　③離＝これを繰り返し、その積み重ねにより一段上に立つ——と、簡単に説明すれば、こんなイメージだろうか。興味深いのは、これが日本の伝統的な芸のほぼ全般に共通するものであること、いやもっといえば、西洋哲学とも極めて類似していることだ。本書の第8章で私はヘーゲルを引き合いに出したが、その思想の核となっている弁証法の〝正・反・合〟（①正＝ひとつの命題《テーゼ》が生まれ、②反＝その中に逆の方向性を持った要素が現れ、③合＝その矛盾が止揚・統合されて、より高次の命題が生まれる）という考え方と、驚くほどに似通っているではないか。私はここで哲学談義をしたいわけではないが、この〝守・破・離〟というプロセスは物事を突き詰める際の姿勢として、洋の東西や分野の違いを超えて、有効であり必要であると認められてきたということはいえると思う。そしてこうしたプロセスを踏んで練り上げられた思考の軌跡をトレースすれば、それは自然と、直線ではなく螺旋を描くはずだ。短絡的に自分に都合のいい結論に飛びついてはダメなのだ。我々の仕事に即していえば、そうした直線思考は往々にして顧客価値を置き去りにした、店側の勝手な都合による企画を導き出す原因となる。

もちろん、それが螺旋を描きながら、しかも一本の連続した思考になっていることも重要だ。そして実は私は、その点に関しては自信を持っている。矛盾しているわけでも、飛躍しているわけでもなく、私の思考は〝顧客価値の創造〟という羅針盤を頼りに途切れることなく続いてきたという自信だ。その証拠が、代官山プロジェクトになると思う。

本書で語ってきたような代官山プロジェクトの構想を話すと、「TSUTAYAの業態も、創業のころとはまるで違うものに進化したのですね」といった感想を洩らす人がいる。違うのだ。代官山プロジェクトこそ、TSUTAYA創業時の思想の結実なのだ。それは1986年にできた「蔦屋書店江坂店」を見てもらえればわかるはずだ。書籍・映画・音楽のマルチ・パッケージ・ストアとカフェとオフィスの複合体。それは代官山プロジェクトの理念そのままだ。両者の間に違いがあるとすれば、それはまず規模の問題だろう。

つまりこの企画は20年以上をかけて螺旋形に上昇を続け、真上から見れば円の同じ縁に位置し、真横から見れば遠く離れた上方に存在する、という構図なのだ。繰り返しになるが、代官山プロジェクトは私なりの螺旋形思考の帰結だ。それが２０１１年の夏にリアルな場所として代官山に現れることに、私はやはり興奮を禁じ得ない。

　もちろん、これが終着点ではない。また新しい興奮を感じるために、私はまた新しい企画を立てなければならない。だから企画は楽しい。そして企画はやめられないのだ。

蔦屋書店江坂店

増田宗昭（ますだ・むねあき）

1951年生まれ、大阪府枚方市出身。
TSUTAYAを運営するカルチュア・コンビニエンス・クラブ株式会社CEO。
同志社大学を卒業後、株式会社鈴屋に入社。
軽井沢ベルコモンズの開発などに携わる。
1983年、同社を退社し、「蔦屋書店」を枚方市駅前にオープンさせる。
1985年、大阪府吹田市にカルチュア・コンビニエンス・クラブ株式会社を設立。

代官山 オトナTSUTAYA計画

2011年5月25日　第1刷発行
2016年5月26日　第4刷発行

著者　増田宗昭

発行者　左田野 渉
発行所　株式会社復刊ドットコム
〒105-0012　東京都港区芝大門2-2-1　ユニゾ芝大門二丁目ビル
復刊ドットコム HP　http://www.fukkan.com/
Tel 03-6800-4460
印刷・製本所　シナノ書籍印刷株式会社

Printed in Japan
ISBN978-4-8354-4424-6 C0034